التنوع الثقافي في قطر

د. مفلح العنزي

دار جامعة حمد بن خليفة للنشر
HAMAD BIN KHALIFA UNIVERSITY PRESS

دار جامعة حمد بن خليفة للنشر
صندوق بريد 5825
الدوحة، دولة قطر

www.hbkupress.com

جميع الحقوق محفوظة.

لا يجوز استخدام أو إعادة طباعة أي جزء من هذا الكتاب بأي طريقة دون الحصول على الموافقة الخطية من الناشر باستثناء حالة الاقتباسات المختصرة التي تتجسد في الدراسات النقدية أو المراجعات.

الطبعة العربية الأولى عام 2023

الترقيم الدولي: 9789927164774

تمت الطباعة في الدوحة-قطر.

مكتبة قطر الوطنية بيانات الفهرسة – أثناء – النشر (فان)

العنزي، مفلح، مؤلف.

التنوع الثقافي في قطر / د. مفلح العنزي. - الطبعة العربية الأولى. - الدوحة، دولة قطر : دار جامعة حمد بن خليفة للنشر، 2023.

60 صفحة : إيضاحيات ملونة ؛ 24 سم

تدمك 978-992-716-477-4

يتضمن مراجع ببليوجرافية (صفحات 57-58).

1. التنوع الثقافي -- قطر. 2. الأجناس والأعراق -- قطر. أ. العنوان.

HM1271 .A59 2023

305.80095363– dc23

202328697121

قالوا عن التنوع الثقافي في قطر:

- أندرو فايس، جنوب أفريقيا

«من الفوائد الرئيسية المكتسبة خلال إقامتي في قطر: تعلُّم الروابط الأسرية القوية، والروحانية والدين، وأخلاقيات العمل، وتنوُّع الطعام».

- باسل وكيلة، الأردن

«أصبحت قادرًا على العمل مع أشخاص من اثنين وستين جنسية مختلفة، في البداية كنا مثل لوحة الفسيفساء التي تتشكل أجزاؤها فتصبح متناسقة. قطر تساعدك على أن تصبح شخصًا بطابع دولي».

- سفين بادوين، كندا

«في داخل قطر، يحافظ الموظفون على هدف مشترك يتم تحقيقه في ظل قيادة فعّالة، ويتم قبول واحترام التنوع الثقافي. وبالتالي، فإن بيئة العمل متناغمة وفاعلة».

- داود بن ساجيلان، ماليزيا

«إن العيش في قطر كان يضيف إلى المستويين الشخصي والمهني. التعامل مع أشخاص من حضارات وديانات وأعراق وجنسيات مختلفة ساعدني على إثراء الحياة المهنية والشخصية».

- عيسى مطر، نيوزيلاندا

«إن العمل مع أكثر من ثلاث وثمانين جنسية مختلفة في المجال الصحي في قطر، جعلنا ندرك أنه على الرغم من وجود اختلاف في الدين والخبرة واللغة، فإن الجميع يعملون بانسجام مع مستويات إنتاجية عالية».

- مرات كاركاس، تركيا

«سنوات العمل في قطر كانت من أفضل سنوات العمل عندي، حيث إن زملاء العمل من مختلف الثقافات والجنسيات: الأوروبية، والأفريقية، والآسيوية، يبدون كأسرة واحدة».

- ر. ب. كومران، الهند

«إنك تشعر بالترحيب والحب على الفور من الشعب القطري وكأنك في بيتك. الدوحة مليئة بالعديد من الأنشطة النابضة بالحياة والمناسبات، تبقيك مشغولًا دائمًا. إنها هادئة وآمنة مما يسمح لك بممارسة هواياتك».

- أحمد أبو عون، مصر

«قطر دولة متعددة الثقافات. تطورت قطر بسبب هذا التنوع في أماكن العمل بما فيها من المهارات والخبرات والمواهب المتعددة».

- توم بيل، أمريكا

«مفتاح النجاح الرئيسي في بيئة العمل ذات التنوع الثقافي في قطر، هو الحفاظ على التنوع المعرفي، هذا يعني أن تصوُّرك للأمر قد لا يكون نفس تصور الآخر».

- جريج راينر، أستراليا

«العيش في قطر لمدة عشرين سنة ساعدني في التعرف على تسعين جنسية وثقافة مختلفة. كان هناك تنوع في التجربة والتفاعل، مما ساعدني على تفتح ذهني تجاه الإنسانية وفهم العلاقات والتعاملات والتواصل مع الجميع، مما جعلني أقوى».

- أوليج كاشكانوف، روسيا

«عندما تكون هناك بيئة متنوعة الثقافات، فإن التعقيدات والمتطلبات المرتبطة بالعمل يتم حلها وتلبيتها مع اختلاف الخلفيات الثقافية. قطر هي المكان المثالي لذلك التنوع».

- أ.م جرسيا، الفلبين

«عندما يعمل الفرد مع أنواع مختلفة من الناس في قطر، يتعلم كيف يكون موهوبًا ومبدعًا، ومن ثَمَّ فإن النمو الوظيفي والشخصي يكون ممتازًا».

- كارلوس تونوريو، إكوادور

«قطر واحدة من أفضل البلدان في العالم للعيش فيها. ثقافتها لا تمنعك من القيام بأنشطتك الخاصة. هناك أمن وأمان، حيث يمكنك أن تعيش سعيدًا وفي سلام من خلال التنوع الثقافي».

- سلطان أحمد، بريطانيا

«كانت تجربة إقامتي في قطر إيجابية. إن مقابلة أشخاص من ثقافات متعددة أمر رائع يجعلك تشعر بأنك تعيش في عائلة واحدة متنوعة العادات والتقاليد».

- أكرم ميبا، نيبال

«في قطاع البناء، قابلت العديد من الأشخاص متعددي الثقافات، من خلالهم اكتسبت خبرات ومهارات جديدة في أثناء العمل في هذا القطاع».

- ماجنو ألفيس، البرازيل

«أذهلتني قطر منذ البداية. لقد استقبلوني بترحيب حار، مما سمح لي أن أصبح هدّاف الدوري القطري في حضور لاعبين متعددي الثقافات. كنت محظوظًا لأنني عشت في هذا البلد».

- أبو صهيبة، بنجلاديش

«عند العمل في مجتمع متعدد الثقافات مثل دولة قطر، ستشعر كأنك زرت العديد من البلدان. أنشأت علاقة قوية مع الأصدقاء من مختلف الجنسيات، وتعلمت لغتين: الإنجليزية والعربية».

- أليخاندرو فالينزويلا، أوروجواي

«قطر أرض الأحلام. كان العمل في بيئة متنوعة ثقافيًّا تجربة لا تقدَّر بثمن. كإنسان، تم إثراء تجربتي الحياتية، والتوصل إلى فهم شامل للعمل والبيئة الاجتماعية».

المحتويات

مقدمة 9
شكر وتقدير 11

الفصل الأول: مقدمة للتنوع الثقافي 13
1-1 الثقافة 14
2-1 التنوع 15
3-1 التنوع الثقافي 16
4-1 الصدمة الثقافية 18
1-4-1 علامات الصدمة الثقافية 18
2-4-1 مراحل الصدمة الثقافية 19
3-4-1 ردود أفعال الأفراد على الصدمة الثقافية 19
4-4-1 التغلب على الصدمة الثقافية 20

الفصل الثاني: التنوع الثقافي في قطر 21
1-2 تاريخ قطر 22
2-2 التركيبة السكانية في قطر 22
1-2-2 السكان 22
2-2-2 الجنسيات 23
3-2-2 الديانات 24
4-2-2 اللغات 24
3-2 القوى العاملة متعددة الثقافات 25
4-2 وجهة التجمع الثقافي في قطر (قرية «كتارا» الثقافية) 26
5-2 تكوين التنوع الثقافي في قطر 27

الفصل الثالث: دراسات دولية حول التنوع الثقافي القطري 29
1-3 جيرت هوفستد والأبعاد الثقافية لقطر 30
2-3 مقارنة أبعاد هوفستد (بين قطر ودول أخرى) 32
3-3 خصائص الثقافة القطرية والثقافات الأخرى 34

الفصل الرابع: مزايا التنوع الثقافي وعيوبه 39
1-4 مقدمة 40
2-4 مزايا التنوع الثقافي 40
3-4 عيوب التنوع الثقافي 41

الفصل الخامس: التنوع الثقافي في قطر: دراسة التحديات والفرص 43
1-5 منهجية البحث 44
2-5 الفئة المستهدفة وأخذ العينات 44
1-2-5 الجنسيات 45
2-2-5 الديانات 45
3-2-5 اللغات 45

3-5 عرض النتائج وتحليلها 45
1-3-5 التدريب الثقافي ووظائف الكادر الثقافي 45
2-3-5 تحديات وفرص التنوع الثقافي 46
3-3-5 أثر التنوع الثقافي في القوى العاملة والأداء الوظيفي 47
4-3-5 تأثير التنوع الثقافي في تحقيق أهداف المؤسسة 49
5-3-5 تطبيقات إدارة التنوع الثقافي 50
6-3-5 فعالية استراتيجيات إدارة التنوع الثقافي 52
4-5 نموذج مناسب لإدارة التجمع الثقافي التنظيمي 54

المراجع 57

الأشكال والجداول

الشكل «1-1»: سمات الثقافة 14
الشكل «1-2»: خصائص التنوع الأولية والثانوية 15
الشكل «1-3»: نموذج ترومبينارز وهامبدين للثقافة (قشرة البصل) 17
الشكل «1-4»: علامات الصدمة الثقافية 18
الشكل «1-5»: مراحل الصدمة الثقافية 19
الشكل «1-6»: ردود الأفعال على الصدمة الثقافية 20
الشكل «1-7»: التغلب على الصدمة الثقافية 20
الشكل «2-1»: سكان دولة قطر (القطريون وغير القطريين) 22
الشكل «2-2»: الديانات الرئيسية في قطر 24
الشكل «3-1»: درجات الأبعاد الثقافية لهوفستد لدولة قطر 30
الشكل «3-2»: مقارنة أبعاد هوفستد بين قطر وألمانيا والبرازيل ونيجيريا 32
الشكل «3-3»: خصائص ثقافة الأفراد القطريين 37
الشكل «4-1»: مزايا التنوع الثقافي 41
الشكل «4-2»: العيوب الرئيسية في حالة التنوع الثقافي غير المُدار بشكل صحيح 42
الشكل «5-1»: إحصائية استجابة العينة لاستبيان التنوع الثقافي 44
الشكل «5-2»: التحديات المتصورة للتنوع الثقافي 46
الشكل «5-3»: تأثير التنوع الثقافي في الإبداع والأداء 47
الشكل «5-4»: التأثير الملحوظ للتنوع في أداء الموظفين 48
الشكل «5-5»: التأثير المتصور للتنوع الثقافي في تحقيق الأهداف المؤسسية 50
الشكل «5-6»: الفعالية المتصورة لإدارة التنوع الثقافي المؤسسي 52
الشكل «5-7»: الانطباع حول فعالية استراتيجيات إدارة التنوع الثقافي 53
الشكل «5-8»: نموذج التجمع الثقافي التنظيمي 55
الشكل «5-9»: نموذج كوكس للتنوع الثقافي 56

الجدول «2-1»: التركيبة السكانية لدولة قطر (المقيمون في قطر حسب الجنسية لسنة 2014) 23
الجدول «2-2»: تفاصيل المؤسسات القطرية متعددة الثقافات 25
الجدول «2-3»: فعاليات وأنشطة قرية كتارا (حسب السنوات السابقة) 26
الجدول «3-1»: نتيجة الأبعاد الثقافية لهوفستد لدولة قطر 30
الجدول «3-2»: مقارنة أبعاد هوفستد بين قطر وألمانيا والبرازيل ونيجيريا 33
الجدول «3-3»: الاختلافات الثقافية بين اليابانيين والأمريكيين والعرب 35

كارون
الأحواز
إيـــران
شيراز
بوشهر
بندر
عباس
هرمز
مضيق هرمز
قشم
لافان
كيش
طنب
سيري
أبو موسى
الجبيل
الدمام
البحرين
حوار
قطر
الدوحة
الهفوف
أبو ظبي
صير بني ياس
مراوح
أبو الأبيض
الرويس
المملكة العربية
السعودية
الإمارات العربية
المتحدة
عُمان

مقدمة

يشير التنوع الثقافي إلى مدى اختلاف الخصائص بين الناس، ويمكن أن تكون هذه الاختلافات عرقية ولغوية ودينية وعادات وتقاليد. وقد نُشر عدد قليل من الكتب التي تتناول موضوع التنوع الثقافي في الشرق الأوسط، لكن لم تُنشر كتب مشابهة حتى الآن في قطر أو دول الخليج العربي.

يهدف هذا الكتاب إلى التعريف بتفاصيل بيئة التنوع الثقافي في قطر، ومناقشة النماذج والدراسات الثقافية الدولية المطبقة في قطر، وتحديد فرص وتحديات التنوع الثقافي، وكيف يمكن تطبيق نظام إدارة تنوع ثقافي فعَّال في القطاعات على اختلاف أنواعها، وكيف يؤثر ذلك على تقديم جودة العمل في المؤسسات القطرية.

قُدِّم محتوى هذا الكتاب أطروحةً للدكتوراه من قِبل المؤلف في صيف 2019 تحت عنوان: «التنوع الثقافي في المستشفيات القطرية: التحديات والفرص من وجهة نظر الموظفين»، إلى كلية إدارة الأعمال في الجامعة الأوروبية في جنيف، تنفيذًا لمتطلبات درجة الدكتوراه في إدارة الأعمال.

شكر وتقدير

خالص تقديري وامتناني لوالدَي الكريمين اللذين لهما الفضل الكبير في وصولي إلى هذا المستوى.

وشكر خاص لعائلتي الجميلة.

وكل الشكر لمَن ساهم في نشر هذا الكتاب.

الفصل الأول
مقدمة للتنوع الثقافي

> «الثقافة الوطنية لا يمكن تغييرها، لكن يجب عليك فهمها واحترامها».
>
> **- جيرت هوفستد**

1-1 الثقافة

لكل مجتمع ثقافة تميزه عن باقي المجتمعات، ومن معاني الثقافة في اللغة العربية: الفطنة، والذكاء، وسرعة التعلُّم. ويعرِّفها مالك بن نبي بأنها المحيط الذي يعكس حضارة المجتمع، ويقسمها إلى قسمين: الثقافة الباطنة، كالعادات والتقاليد، والثقافة الظاهرة، كلغة الكلام ولغة الجسد.

كمصطلح لاتيني نشأت كلمة ثقافة «Culture» أو «Cultura» بمعنى: ممارسة العبادة. ومع ذلك، تعرَّف الثقافة بأنها المعرفة والأشكال والمواقف والقيم والميزات السلوكية التي يمكن التنبؤ بها. ووفقًا لمعظم العلماء، يمكن تعريف «الثقافة» تبعًا لعدة سمات وخصائص تُبنى من خلالها الثقافة في أي مجتمع (الشكل «1-1»). وقد عرَّفت اليونسكو (2009) الثقافة بأنها «مجموعة من السمات الفكرية والروحية والمادية والعاطفية المميزة التي تتبناها المجموعة الاجتماعية وتورثها لأعضائها وأحفادها». ويتعامل هذا النهج مع مصطلح «الثقافة» على أنه مجموعة من أنماط الحياة المميزة واستراتيجيات التعايش داخل مجموعة اجتماعية والتقاليد والنظم العقائدية.

01 الرمزية
- تُعرف بالقدرة البشرية على إنشاء التمثيلات الرمزية للمفاهيم الثقافية، فكل سلوك يرمز إلى ثقافة معينة.
- تتطلب من عضو داخل المجموعة تفسير الممارسات والأعراف الاجتماعية.

02 النمطية
- تتسم بالتكامل وفق هيكلية قابلة للتكرار.
- سيؤثر تعديل مكون واحد في الثقافة ككل.

03 التكيُّف
- مبنية على القدرة البشرية للتكيف أو للتغيير.
- الثقافة قابلة للتغيير استجابة للمؤثرات الخارجية.

04 التعلُّم
- غير موروثة أو مشتقة بيولوجيًا أو جينيًا.
- الثقافة تُكتسب من خلال الخبرة والتعلُّم والاحتكاك مع الأفراد.

05 ظاهرة مشتركة
- تتكون من أعضاء مشتركين في ثقافة واحدة.
- الثقافة لا تكون لفرد بعينه، بل تمثلها المجموعة.

06 انتقالية وقابلة للتطور
- تنتقل بين الأجيال وتتطور بالشكل لا بالمضمون.
- تراكمية في طبيعتها بحسب الممارسات وتلبية حاجات الأفراد.

الشكل «1-1»: سمات الثقافة

> «التنوع هو فن التفكير المستقل بشكل جماعي».
>
> **- مالكوم فوربس**

2-1 التنوع

يعرَّف التنوع بأنه «جميع الصفات والجوانب التي يختلف فيها الأفراد بعضهم عن بعض»، وهي ظاهرة تتشكل لتصنيف الأفراد على أنهم متوافقون أو غير متوافقين مع المجموعة. ويعرِّف علماء الاجتماع والأنثروبولوجيا التنوع بأنه التميز والاختلاف بين الأفراد أو المجموعات الاجتماعية مع ظهور تأثير ذلك الاختلاف في هذه المجموعات. ومن ثَمَّ فإن التنوع هو تمثيل لأفراد، كلٌّ منهم ينتسب إلى سلوكيات وممارسات اجتماعية معينة. وقد وجد الباحثون أن هذه الخصائص تكمن في بُعدين: أوَّلي، وثانوي، على النحو التالي:

البُعد الأوَّلي: يشير إلى الجنس والسمات الجسدية والسن والخلفية العرقية. وهذه الخصائص تصنع وجهة نظر المرء الأساسية تجاه الآخرين وصورته الذاتية في نظرهم. إضافةً إلى ذلك فإن لها تأثيرات مهمة في تفاعل الفرد مع المجتمعات وبيئات العمل الاجتماعية. وتُعَد هذه الخصائص فطرية، ومن ثَمَّ لا يمكن السيطرة عليها أو تغييرها طوال حياة الفرد.

البُعد الثانوي: يُشير إلى الخصائص المكتسبة والقابلة للتغيير، كالممارسات الدينية والحالة الاجتماعية والموقع الجغرافي وخبرة العمل، وهذه الخصائص تفسِّر الاختلافات الاجتماعية بين الفرق المتنوعة والفرق المتجانسة ثقافيًّا. وتشمل الأبعاد الثانوية المعتقدات الاجتماعية المكتسبة والسلوكيات الاجتماعية والممارسات والوضع الاقتصادي للفرد ومستوى الفرد من التعليم والخبرات العملية.

ويوضِّح الشكل «1-2» أهم خصائص هذين البُعدين الأوَّلي والثانوي.

أما بداية ظهور التنوع بين البشر، فقد ذكر ابن عبد البر في كتابه «القصد والأمم» أن كل البشر انتسلوا من أبناء نوح الثلاثة: سام، ويافث، وحام. حيث أورد آثارًا عديدة في تقسيم التنوع البشري من خلال الأبناء الثلاثة، وأحد هذه الآثار يقول إن سام أبو العرب وفارس والروم، ويافث أبو التُّرك والصقالبة، وظهر من حام القبط والسودان والبربر.

الشكل «1-2»: خصائص التنوع الأولية والثانوية

المصدر: Daft (2003)

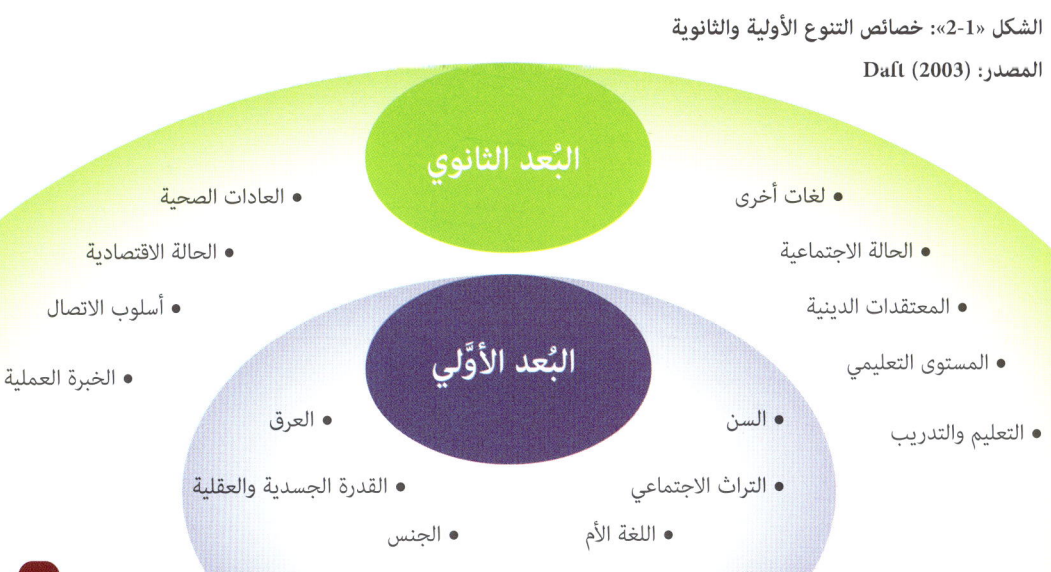

> «قد تكون لدينا ديانات مختلفة ولغات مختلفة وألوان بشرة مختلفة، لكننا جميعًا ننتمي إلى جنس بشري واحد».
>
> **- كوفي عنان**

3-1 التنوع الثقافي

كشكل من أشكال الاستجابة السياسية، عادةً ما يقدَّم التنوع الثقافي بوصفه أداة ثقافية للاندماج في المجتمعات متعددة الثقافات. ونرى الباحثين ترومبينارز وهامبدين يسلطان الضوء على التنوع الثقافي بوصفه جزءًا لا يتجزأ من العيش في مجتمع متعدد الثقافات، يزيد من الشعور بالوعي بالنسبة إلى الاختلافات الثقافية، ويؤدي ذلك بالموظفين إلى تعديل سمات لاشعورية، مثل الملابس وتفضيلات الطعام وحتى السلوكيات، عند التفاعل مع الزملاء الآخرين. إضافةً إلى ذلك نجد وصف الدراسة الكمية التي أجراها الباحثان للتنوع الثقافي باستخدام «قشور البصل» كتشبيه لطبقات السمات الثقافية للأفراد في أي مجتمع، حيث توجد ثلاث طبقات مجازية تمثل هذه السمات:

- **الطبقة الأولى:** ما يسمَّى «الطبقة الخارجية».
- **الطبقة الثانية:** ما يسمَّى «الطبقة الوسطى».
- **الطبقة الثالثة:** ما يسمَّى «الطبقة الداخلية».

في الشكل «1-3» أدناه، تمثِّل «الطبقة الخارجية» المجازية المكونات التي في الغالب ترتبط بالثقافة، وتكون كإشارات واضحة للآخرين، لتمييز ثقافة الفرد، مثل نوع الطعام والملابس واختيار اللغة والصفات السلوكية عند التفاعل مع الآخرين، وكذلك الصفات الأخرى الواضحة التي يسهل ربطها بثقافتهم الأصلية.

على النقيض من ذلك، فإن «الطبقة الوسطى» المجازية تمثِّل القيم والمعايير التي يحتفظ بها مجتمع معين، وتشمل تصورات الصواب والخطأ في شكل معايير مجتمعية، وتصورات لما هو جيد أو سيئ في شكل قيم ثقافية، إضافةً إلى ذلك فإن معايير المجتمع عادةً ما تكون خارجية، بحيث يتم فرضها على كل عضو من قِبل مجتمع أكبر، ويتم تعزيزها من خلال العلاقات الاجتماعية. من ناحية أخرى، وعلى عكس المعايير المجتمعية، تميل القيم المجتمعية إلى أن تكون أكثر داخلية (أو ذاتية)، وتشكِّل تحديًا أكبر للمجتمع لتمييز الفرد أو التعامل معه، وعلى الرغم من الاختلافات بينهما، فإن كلًّا من الأعراف والقيم المجتمعية تحدد سلوك الفرد في أي مجتمع، وعلى الرغم من أنها تنعكس على كل فرد، فمن الصعب اكتشافها داخل الثقافة في «الطبقة الخارجية».

أخيرًا، الطبقة الداخلية، وهي الطبقة المجازية النهائية الأعمق التي تمثِّل مستوى الثقافة ضمن هذا التشبيه المجازي لـ«بصل الثقافة»، حيث إن مستوى الفهم في هذه الطبقة المركزية هو المطلوب للتعاون مع الثقافات الأخرى بطريقة فعَّالة. وتمثِّل هذه الطبقة سلسلة القواعد والافتراضات الأساسية والأساليب التي طوَّرها مجتمع معين لمواجهة تحدياته الاجتماعية الفريدة. وعلى غرار العادات اللاواعية الأخرى، يحمل كل فرد قليلًا من الوعي بهذه السمة العميقة، ونتيجةً لذلك يكون شرحها أكثر صعوبة لفرد خارجي لا ينتمي إلى هذه الثقافة.

في سياق إدارة التنوع الثقافي، على الرغم من أنه يمكن التعرف على الطبقتين الخارجية والوسطى على الفور من قِبل بعض ممن لديه اطلاع على الثقافات الأخرى، فإنه لا يمكن تفسير الطبقة الداخلية الأساسية بسهولة.

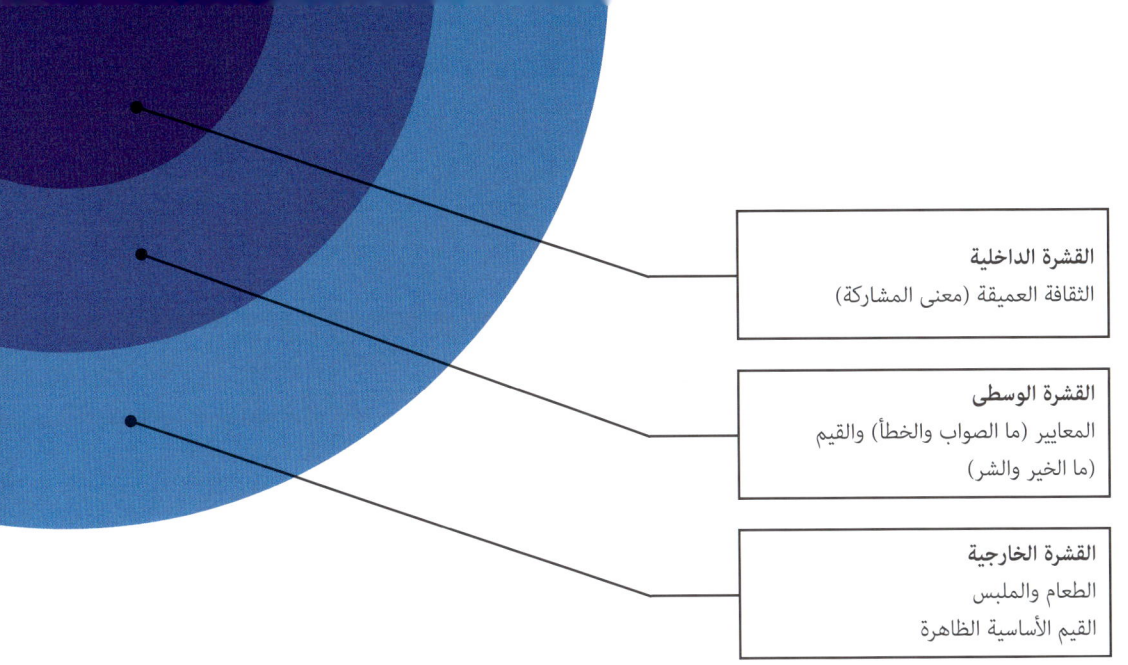

الشكل «3-1-1»: نموذج ترومبينارز وهامبدين للثقافة (قشرة البصل)

المصدر: Trompenaars & Hampden-Turner (1998)

أبعاد التنوع الثقافي

بشكل عام، تؤثر «الحزم الثقافية» التي يجلبها الموظفون إلى مكان العمل في خبراتهم طوال حياتهم المهنية ومسارهم الوظيفي داخل المؤسسة التي يعملون فيها. وقد خلص تايلور كوكس إلى أن التكوين الثقافي للقوى العاملة قد تغيَّر بشكل كبير في العقود الأخيرة، من حيث العقليات المتعلقة ببيئة العمل وأساليبه، وقد يعني هذا التغيير في أساليب العمل أن القيم والخبرات التقليدية ستحتاج إلى التطور استجابةً للرغبات والسلوكيات الجديدة. ووفقًا للعديد من الدراسات، وبناءً على المنظور الأخلاقي، نجد تنوعًا لدى علماء الاجتماع في اختيار تصنيفات التنوع الثقافي الرئيسية، فتنقسم إلى ثلاثة تصنيفات:

- **التصنيف الأول:** يشمل الأبعاد الأساسية، مثل الجنس والعرق والعمر والتوجه الجنسي والقدرات الجسدية، وإلى جانب الأبعاد الأساسية يشمل كذلك الأبعاد الثانوية، مثل التعليم والدين والموقع الجغرافي والدخل والحالة الاجتماعية والعمالة الحالية.

- **التصنيف الثاني:** يركز على التباين النسبي في الخصائص المختلفة، بحيث يشمل الخصائص الثابتة نسبيًّا، كالعرق والإثنية والتوجه الجنسي والقدرات الجسدية، والخصائص المتغيرة، كالخلفية الاجتماعية والوضع الاقتصادي والحالة الاجتماعية.

- **التصنيف الثالث:** يعتمد على الخصائص ودرجة التباين التي تشمل الخصائص المرئية، بما في ذلك العرق والعمر والجنس، والخصائص غير المرئية، بما في ذلك التعليم والوظيفة والخبرة العملية والحالة الاجتماعية والطبقة الاقتصادية.

«دراسة الثقافة من دون التعرض لصدمة ثقافية، مثل ممارسة السباحة من دون التعرض للماء».

- جيرت هوفستد

4-1 الصدمة الثقافية

يمكن النظر إلى ظاهرة الصدمة الثقافية على أنها مجموعة من السلوكيات وردود الفعل والتصورات التي يمر بها الفرد عند تعرضه لبيئة اجتماعية وبيئة ثقافية تختلفان اختلافًا كبيرًا عن ثقافته الأصلية. سلوكيات الفرد مبنية نسبيًّا على بيئته الاجتماعية التي نشأ بها، والتعرض السريع لثقافة مختلفة يكسر هذه الاستمرارية، مما يجبر الفرد على إعادة تقييم التصورات والسلوكيات التي طُورت في بيئته الأصلية.

هذه المرحلة من التكيُّف الأوَّلي مع بيئة ثقافية غير مألوفة تصنع حالة من الارتباك وعدم اليقين، وتصرف انتباه الفرد عن تصوراته وتوقعاته للثقافة الجديدة. ولا يقتصر هذا التأثير على السفر أو الهجرة إلى بلد آخر أو زيارة ثقافة أخرى، بل يحدث أيضًا عند تغيير النظام الاجتماعي، ويمكن أن يشمل ذلك الانتقال إلى بيئة اجتماعية جديدة داخل البلد نفسه، مثل مدرسة جديدة أو حرم جامعي جديد أو مؤسسة جديدة أو مدينة جديدة أو على المستوى الشخصي كعائلة جديدة.

1-4-1 علامات الصدمة الثقافية

ذكر جيرت هوفستد (2001) وغيره من علماء الاجتماع، ست علامات مبدئية تمكّننا من معرفة ما إذا كان الفرد يعاني الصدمة الثقافية، كما هو موضَّح في الشكل «1-4».

الشكل «1-4»: علامات الصدمة الثقافية

1-4-2 مراحل الصدمة الثقافية

يعرِّف كثير من المصادر الصدمة الثقافية بأنها حالة من الخوف والقلق والاكتئاب يتعرض لها الإنسان نتيجة انتقاله من بيئة أو ثقافة مغايرة لبيئته أو ثقافته الأم. وبشكل عام يمكن تحديد فترة الصدمة الثقافية وفقًا لمراحل معينة يمر بها الفرد عندما تتكشف معالم تجربته. وقد حاولت العديد من الدراسات نمذجة مثل هذه المراحل. ويسلط الشكل «1-5» الضوء على كل مرحلة منها.

مرحلة شهر العسل	• تتميز هذه المرحلة بإحساس مريح مع الإثارة والسعادة. • شعور أقرب إلى السائح المنغمس في إجازة جديدة. • تستغرق هذه المرحلة من 1-3 أشهر.
مرحلة الارتباك	• في هذه المرحلة يعتري الفرد شعور بعدم الانتماء، والارتباك. • يبدأ الشعور بالانفصال والابتعاد عن القيم الأصلية.
مرحلة العداء والتهيج	• تبدأ جاذبية الثقافة الجديدة في التلاشي عندما يصبح الفرد أكثر وعيًا بالتحديات. • يبدأ الإحساس بالتجارب السلبية التي جرى تجاهلها خلال مرحلة شهر العسل.
مرحلة التكيف والتكامل	• يبدأ الفرد في التكيُّف مع البيئة الثقافية الجديدة. • تتميز هذه المرحلة بقدرة الفرد على التمييز بين الثقافة الأم والبيئة المضيفة الجديدة.
مرحلة الثقافة الثنائية	• يمكن للفرد أن يتعامل تلقائيًا مع المتطلبات الاجتماعية للثقافة الأم والثقافة الجديدة.

الشكل «1-5»: مراحل الصدمة الثقافية

1-4-3 ردود أفعال الأفراد على الصدمة الثقافية

إن الاعتراف بالمتطلبات الاجتماعية المختلفة التي تنشأ في كل بيئة اجتماعية يزيد أيضًا من الوعي بالإيجابيات والسلبيات المتصورة لكل ثقافة. ويُوجِد تأثير الصدمة الثقافية مفترق طرق للفرد، اعتمادًا على شخصيته ومدى تقبله للثقافة المضيفة. ويمكن تصنيف ذلك وفقًا لردود الأفعال التالية، كما هو موضَّح في الشكل «1-6».

ردود الأفعال على الصدمة الثقافية

الرافض للثقافة المضيفة:
- يرفض الفرد فكرة التكيف مع البيئة الجديدة تمامًا.
- ما يقرب من 60% من الأفراد يتجهون إلى رفض التكيف مع الثقافة المضيفة.

المتكيف مع الثقافة المضيفة:
- يندمج الفرد تمامًا مع البيئة الجديدة، وغالبًا ما يختار العيش في الثقافة المضيفة الجديدة بشكل دائم.
- يشكلون نسبة 10% من الأفراد الذين يتكيفون مع الثقافة المضيفة.

العالمي:
- القادرون على التكيف مع البيئة المضيفة والحفاظ بشكل انتقائي على قيم وتقاليد الثقافة الأم.
- يشكلون نسبة 30% من الأفراد الذين يتعرضون للصدمة الثقافية.

الشكل «1-6»: ردود الأفعال على الصدمة الثقافية

1-4-4 التغلب على الصدمة الثقافية

الغالبية من الأفراد عرضة للصدمة الثقافية، وتنشأ هذه الصدمة عادةً عندما يواجه هؤلاء الأفراد أناسًا من ثقافات أخرى، أو سلوكيات غير مألوفة، أو أماكن أو مواقف جديدة، ولا يعرف الفرد كيفية إدارة ما يتعرض له. لذا أوصت دراسات بحثية مختلفة بإجراءات للتعامل مع هذه الصدمة الثقافية. ويبيِّن الشكل «1-7» أدناه الخطوات الخمس التي تساعد على منع أي تأثيرات سلبية للصدمة الثقافية.

اندمج في الثقافة المضيفة:
- أنشئ علاقات جيدة مع السكان المحليين في البلد المضيف.
- تعلم المزيد عن الثقافة المضيفة.
- تعلم لغة الثقافة المضيفة.

اكتشف أشياء جديدة:
- حاول ممارسة عادات وتقاليد الثقافة المضيفة.
- لا تختبئ. اخرج من منزلك وعِش كسائح.
- شارك كل ما هو إيجابي وجميل مع عائلتك أو أصدقائك في بلدك الأم.

اصنع مملكتك الخاصة بك:
- اشغل نفسك في عمل تحبه أو ممارسة هواياتك.
- أنشئ مكانًا مريحًا في منزلك يساعدك على الاسترخاء.
- اقتنِ حيوانات أليفة كالقطط، أو نباتات أو أزهارًا.

كُن متفتح الذهن:
- كُن هادئًا باستمرار مع المواقف غير المتوقعة بمجرد ظهورها.
- حاول أن تتقبل الدعوة للمناسبات، وتتقبل فكرة تذوق الأطعمة الجديدة.
- شارك في الأنشطة التطوعية.

فكر بإيجابية:
- يجب أن تؤمن بأن الصدمة الثقافية ليست مرضًا، بل هي ردة فعل طبيعية.
- تذكر دائمًا أن الجميع قد تعرضوا للصدمة الثقافية، وأكثرهم واجهوها بإيجابية.
- اجعلها فرصة لاكتشاف تجارب وثقافات جديدة.

الشكل «1-7»: التغلب على الصدمة الثقافية

الفصل الثاني
التنوع الثقافي في قطر

«لـن يتحقـق التعايـش بيـن الثقافـات إلا إذا شـعر الفـرد بالراحـة مـع نفسـه وثقافتـه».

- صاحبة السمو الشيخة موزا المسند

1-2 تاريخ قطر

تشير الدراسات التاريخية والمؤشرات الأثرية إلى أن تاريخ قطر يعود إلى 4000 سنة قبل الميلاد، وكانت القبائل الكنعانية أولى القبائل التي سكنت قطر بين عامي 820 و480 قبل الميلاد، وفي حقبة ما قبل الإسلام استقرت في قطر العديد من القبائل العربية، وفي وقت لاحق وفي بداية القرن الثامن عشر هاجرت مجموعة أخرى من القبائل العربية إلى قطر.

في عام 1930، زاد عدد السكان في قطر ووصل إلى 61.000 نسمة، ينحدرون من خلفيات مختلفة، ومنذ ذلك الوقت أصبح هذا التنوع سمة خاصة للسكان القطريين.

2-2 التركيبة السكانية في قطر

قطر واحدة من الدول متعددة الثقافات في الشرق الأوسط، وقد تزايد عدد سكانها من نصف مليون تقريبًا في عام 1990 إلى أكثر من 2.5 مليون نسمة في عام 2020. واللغة الرسمية لدولة قطر هي اللغة العربية، والدين الرسمي هو الإسلام.

1-2-2 السكان

تغيرت الطبيعة الديموغرافية لدولة قطر بشكل كبير في العقدين الماضيين، فوفقًا لوزارة التخطيط التنموي والإحصاء نجد في عام 2018 أن نحو 80% من السكان في قطر من الوافدين. علاوة على ذلك، وبناءً على عدد سكان قطر حسب الجنسية، أُعلن في عام 2017 عن وجود أكثر من 110 جنسيات مختلفة يقيمون في قطر.

وحسب أول تعداد أُجري في قطر في عام 1971، بلغ إجمالي عدد سكان الدولة 111.113 نسمة، منهم 45 ألف قطري و66 ألفًا من الوافدين. في حين بلغ إجمالي عدد سكان دولة قطر 2.773.000 نسمة في عام 2017. ويأتي هذا الارتفاع في عدد السكان مع تغيير في التركيبة السكانية، حيث إن 88.4% من السكان من غير القطريين، و11.6% فقط من المواطنين القطريين.

وفي عام 2019 أظهر التعداد الرسمي لوزارة التخطيط التنموي والإحصاء أن عدد المواطنين القطريين يبلغ نحو 300 ألف فقط، وهذا يعني أن نسبة المواطنين القطريين هي 11.6% فقط من إجمالي السكان. ومع تزايد أعداد المهاجرين إلى قطر فقد يتسبب ذلك في أن يصبح المواطنون القطريون أقلية، كما هو موضَّح في الشكل «2-1».

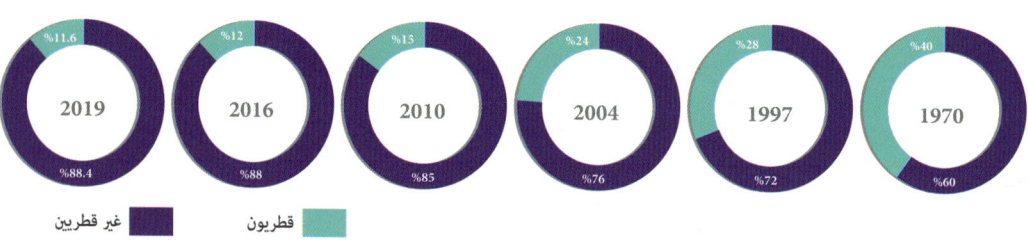

الشكل «2-1»: سكان دولة قطر (القطريون وغير القطريين)

بعد عام 2004 كانت أكثر التغيرات دراماتيكية، حيث كان التدفق الجماعي للمهاجرين بأعداد كبيرة حتى عام 2010، وأصبحت نسبة المواطنين القطريين 15% فقط من إجمالي السكان، وقد انخفض هذا إلى 11.6% بحلول عام 2019. وهذا يُشير إلى أن نسبة تناقص السكان المحليين مستمرة مقارنةً بإجمالي عدد السكان. وهي من أسرع المعدلات انخفاضًا لعدد السكان المحليين (القطريين) في المنطقة، والسبب الرئيسي وراء هذا الخلل في المعدلات هو تزايد عدد المهاجرين إلى قطر. كما هو موضَّح في الرسم البياني أعلاه، حيث يمثِّل القطريون الأقلية في بلدهم منذ السبعينيات.

2-2-2 الجنسيات

كشفت دراسة بحثية بعنوان: «التنوع الثقافي في المستشفيات القطرية: التحديات والفرص من وجهة نظر الموظفين» في عام 2019، أن المقيمين في قطر يتمتعون بحرية الانخراط وفق أسلوب حياتهم الأصلية، بما في ذلك استخدام لغاتهم ولهجاتهم الخاصة، والمرونة في اختيار الملابس والأطعمة وممارسة الطقوس الدينية. وعلى الرغم من أن اللغة الرسمية المستخدمة في قطر هي العربية، فإن اللغة الإنجليزية تُستخدم بصورة شائعة بوصفها لغة ثانية في أماكن العمل والأماكن العامة. ونظرًا إلى ارتفاع نسبة الجنسيات الأجنبية إلى ما يقارب 88% من إجمالي السكان في قطر، والتي تزيد على 110 جنسيات، أصبحت قطر بيئة متعددة الجنسيات والثقافات.

الجنسية	المنطقة من العالم	النسبة السكانية
الهندية	آسيا - الوسط	%20
النيبالية	آسيا - الوسط	%13.5
القطرية	آسيا - غرب	%13
البنجلاديشية	آسيا - الوسط	%12.8
الفلبينية	شرق آسيا	%10
المصرية	أفريقيا - العربية	%8.6
السيريلانكية	آسيا - الوسط	%7.6
الباكستانية	آسيا - الوسط	%4.8
السورية	آسيا - العربية	%2.6
السودانية	أفريقيا - العربية	%2.1
جنسيات أخرى	كل المناطق الأخرى	%5

الجدول «2-1»: التركيبة السكانية لدولة قطر (المقيمون في قطر حسب الجنسية لسنة 2014)

المصدر: Goodman (2015) & De Bel-Air (2014)

يبيِّـن الجـدول «2-1» أن عـدد المجموعـات الأجنبيـة فـي قطـر قـد تزايـد بمعدل سـريع للغاية خـلال العقديـن الماضيين، وكانـت هنـاك اختلافـات فـي مـدى نمـو كل مجموعـة مـن هـذه المجموعـات الفرديـة. كمـا نلاحـظ فـي هـذا الجـدول أن الجنسـيات الأربـع الأولـى للمغتربيـن مـن أصـل آسـيوي، وتمثِّل عـادةً القـوى العاملة الرئيسـية والتـي تُعَد الأقل نسـبيًّا من حيـث التكلفـة والأجـور، إضافـةً إلـى ذلـك فالوافـدون مـن الجنسـية الهندية يشـكِّلون 20% مـن إجمالي السـكان في قطر، ممـا يجعلهـم أكبـر مجتمع للمغتربيـن في قطر، تليهم الجنسـية النيبالية والبنجلاديشـية والفلبينية. وبسـبب التدفق الهائل للعمالـة الذكـور أصبحـت نسـبة النسـاء 25% فقـط مـن إجمالي السـكان فـي قطـر، وبالطبـع تتغير تلك النسـب مـع تغير طبيعـة طلـب العمالـة الوافـدة والتغييـرات القانونية والسياسـية والأمنيـة والاجتماعية.

3-2-2 الديانات

بحسـب موقـع وكالـة المخابـرات المركزيـة، فـإن الديانـات فـي قطـر تمثِّـل النسـب التقريبيـة التاليـة من السـكان: الإسـلام بنسـبة 65%، والمسـيحية بنسـبة 14%، والهندوسـية بنسـبة 16%، والبوذية بنسـبة 4%، والمجتمعات الدينية الأخرى تمثِّل نحـو 1% (الشـكل «2-2»). وهـذا يشـير إلـى أن تكوين المجتمعـات الدينية داخل قطـر يتجه تدريجيًّا نحـو مجتمع متعدد الديانـات والثقافات.

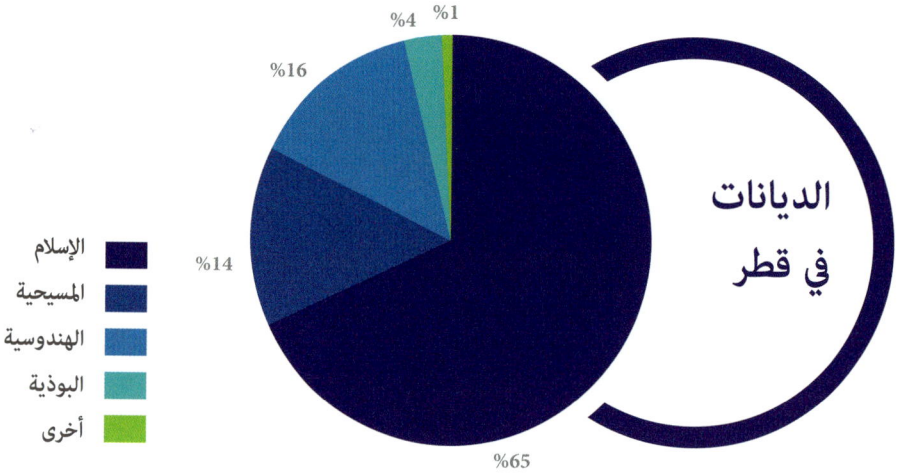

%4

الشكل «2-2»: الديانات الرئيسية في قطر

المصدر: The World Factbook (2020)

4-2-2 اللغات

ينعكـس التحـول فـي التركيبـة السـكانية فـي قطـر على التكويـن اللغوي للدولـة، فعلى الرغم مـن أن اللغة الرسـمية لا تزال هـي اللغـة العربيـة فـإن اللغـة الإنجليزيـة هـي اللغـة المسـتخدمة الآن علـى نحـو أساسـي فـي معظـم القطاعـات العامـة والخاصـة والمؤسسـات شـبه الحكوميـة، فضـلًا عـن ذلك فإن تنـوع هذه التركيبـة السـكانية للمهاجريـن أو المقيمين الجُدد قـد جلـب أيضًـا لغـات أخـرى، مثـل: الفرنسـية والأورديـة والفارسـية والهنديـة والفلبينيـة والأفريقيـة وغيرهـا مـن اللغـات واللهجـات. ونجـد أنـه مـن السـهل تعلُّـم اللغـة العربيـة فـي قطـر، لأن العديـد مـن المؤسسـات الحكوميـة والخاصـة، مثل جامعـة قطـر ومركـز الشـيخ عبـد الله بـن زيـد آل محمـود الثقافـي الإسـلامي ومؤسسـة قطـر وغيرهـا، تقـدِّم دورات فـي اللغة العربيـة لغيـر الناطقيـن بهـا.

2-3 القوى العاملة متعددة الثقافات

تُعَد دولة قطر واحدة من أغنى وأصغر البلدان في العالم، وهي تبرز كمنافس قوي في العديد من القطاعات، مثل: النفط والغاز والرعاية الصحية والرياضة والتعليم والطيران المدني. وعلى مدى العقدين الماضيين تحولت القيادة في هذه القطاعات إلى قيادة عالمية. فضلًا عن ذلك، تُعَد قطر دولة سريعة النمو ومتعددة الثقافات، حيث إن عدد السكان الآن يضم أكثر من 110 جنسيات، كما هو موضَّح أدناه في الجدول «2-2» الذي يبين إجمالي عدد الموظفين في المؤسسات الرئيسية، وعدد الجنسيات المختلفة العاملة في كلٍّ من هذه المؤسسات.

الرقم التسلسلي	اسم المؤسسة	نوع المؤسسة	إجمالي عدد الموظفين	عدد الجنسيات
1	مؤسسة حمد الطبية	الصحة (حكومي)	15,450	56
2	6 مستشفيات خاصة	الصحة (خاص)	2,672	45
3	اثنان من المستشفيات شبه الحكومية	الصحة (مستشفى شبه حكومي)	4,685	88
4	قطر للبترول	النفط والغاز	10,000	77
5	مؤسسة قطر	التعليم	4,100	100
6	الخطوط القطرية	الطيران المدني	10,000	112
7	اللجنة الأولمبية القطرية	الرياضة	500	27
8	جامعة قطر	التعليم	4000	80

الجدول «2-2»: تفاصيل المؤسسات القطرية متعددة الثقافات
المصدر: Data Collected by Websites & Interviews

4-2 وجهة التجمع الثقافي في قطر (قرية «كتارا» الثقافية)

تُعَد قرية كتارا الثقافية واحدة من أكبر المعالم الفريدة في الشرق الأوسط، أنشأتها حكومة قطر في عام 2010 لتوفير الفعاليات الثقافية والأماكن السياحية ذات التعددية الثقافية. وتُعَد كتارا موقعًا ساحليًا جذابًا للغاية، يزوره كثير من السكان المحليين والوافدين والسياح للاطلاع على الثقافات العالمية. ويستمتع الزوّار باستكشاف المسارح والمطاعم والقاعات القديمة المصممة والمعارض والمؤتمرات والمهرجانات متعددة الثقافات. وتطمح كتارا إلى أن تصبح رائدًا عالميًا للأحداث متعددة الثقافات. ولبيان هذا التأثير بشكل أكبر، نوضِّح في الجدول «2-3» أهم الفعاليات والأنشطة الرئيسية التي تنظمها قرية كتارا.

أحد أهم المهرجانات التي تنظمها كتارا الثقافية هو مهرجان التنوع الثقافي السنوي، ويُدار من قِبل الحي الثقافي كتارا ومنظمة الأمم المتحدة للتربية والعلم والثقافة (اليونسكو). ووفقًا لما ذكره المدير العام في كتارا، يستقطب هذا المهرجان الموسيقيين والفنانين والمغنين الشعبيين القادمين من أكثر من ثلاثين دولة ويمثِّلون أكثر ثقافات دول العالم.

وفي هذا السياق جاء وصف آنا باوليني (2017)، مديرة مكتب اليونسكو في الدوحة وممثل اليونسكو في الدول العربية في الخليج واليمن: «إن فهم التراث الثقافي غير المادي أمر بالغ الأهمية لنجاح العلاقات الدولية والعيش بسلام. بالنسبة إلى اليونسكو، فإن التنوع الثقافي ليس مجرد اتفاقيات دولية ومعايير فنية، بل هو قيمة أساسية للمنظمة وفي صميم كل ما نقوم به».

الرقم	اسم الفعالية
1	• مهرجان بنجلاديش
2	• ساعة الأرض
3	• حفلة «صوت كوريا الرائع»
4	• حفل «المعلوف التونسي»
5	• مهرجان التنوع الثقافي
6	• مهرجان عيد الفطر
7	• الباليه الوطني الجورجي «سوخيشفيلي»
8	• مهرجان الرقص (أو رقص الشوارع) الفلبيني
9	• اليوم الوطني للرياضة
10	• احتفالات اليوم الوطني
11	• معرض كتارا الدولي للصيد والصقور - النسخة الثانية

الجدول «2-3»: فعاليات وأنشطة قرية كتارا (حسب السنوات السابقة)

المصدر: Katara Website (http://www.katara.net/en/whats-on/events)

5-2 تكوين التنوع الثقافي في قطر

كان سكان قطر، في القرن الثامن عشر، يتكونون من مجتمعات متجانسة شكّلت الأبعاد الثقافية المشتركة للسكان، مثل: اللغة والدين والعرق والإثنية. وإلى جانب المجتمعات المتجانسة، هاجر أشخاص من خلفيات مختلفة إلى قطر للبدء في تكوين مجتمع متنوع ثقافيًا. وبعد ثورة النفط وتحسُّن الوضع الاقتصادي في كثير من بلاد العالم، ازداد معدل تعدد الثقافات في مختلف البلاد تدريجيًّا، ومن بين هذه البلاد قطر التي أصبحت، بصورة تدريجية، مجتمعًا متنوعًا ثقافيًّا.

الفصل الثالث

دراسات دولية حول التنوع الثقافي القطري

«واحدة من أفضل أشكال التدابير في مجال التنوع الثقافي؛ مذكرة التفاهم التي وقَّعتها قطر مع اليونسكو في عام 2011 لتعزيز تنوع أشكال التعبير والتنوع الثقافي والحوار بين الثقافات».

- اليونسكو، 2011

1-3 جيرت هوفستد والأبعاد الثقافية لقطر

قدَّم عالم النفس الاجتماعي الهولندي جيرت هوفستد نموذجًا متعمقًا للأبعاد الثقافية من خلال ستة أبعاد ثقافية يجري من خلالها اكتساب نظرة عامة على ثقافات البلدان ومقارنتها بالثقافات الأخرى على مستوى متعمق. ويوضِّح الجدول «3-1» والشكل أدناه نتيجة ودرجات الأبعاد الثقافية لدولة قطر وفقًا لأبعاد هوفستد (2019).

الرقم	البعد الثقافي	النتيجة
1	مؤشر تقبُّل السلطة ونفوذها (PDI)	93
2	الفردية مقابل الجماعية (IDV)	25
3	الذكورية مقابل الأنوثة (MAS)	55
4	مؤشر تجنب عدم اليقين (UAI)	80
5	التوجيه طويل المدى مقابل قصير المدى (LTO)	36
6	التسامح مقابل ضبط النفس (IVR)	52

الجدول «3-1»: نتيجة الأبعاد الثقافية لهوفستد لدولة قطر

المصدر: Hofstede Insights (2019)

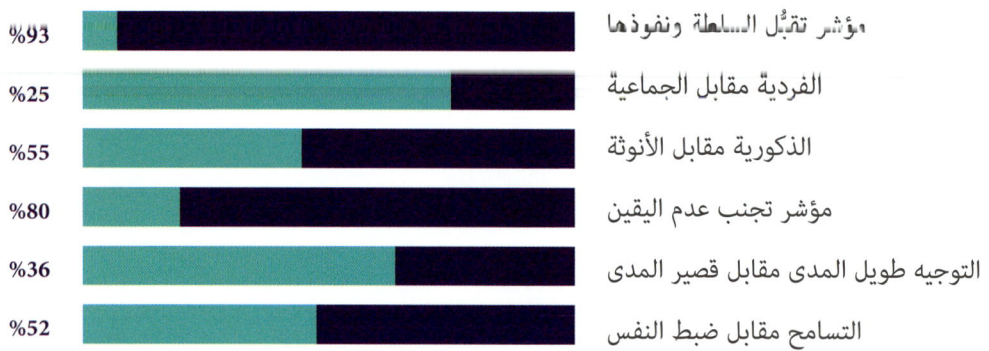

الشكل «3-1»: درجات الأبعاد الثقافية لهوفستد لدولة قطر

وفقًا لنموذج هوفستد، يمكن وصف ثقافة قطر بالأبعاد التالية:

مؤشر تقبُّل السلطة ونفوذها (PDI)

يشير مستوى تقبُّل السلطة إلى أي مدى يتقبل الأفراد في المجتمع أو المؤسسة السلطةَ أو النفوذَ، وهل النفوذ موزَّع بشكل غير متكافئ بين الأفراد، بمعنى: هل الطاعة عمياء للأوامر الصادرة من السلطة العليا وبالتالي يكون مستوى نفوذ عاليًا، أم أن اتباع الأوامر يُعَد مسألة إجرائية ويكون مستوى تقبُّل السلطة منخفضًا؟

بنتيجة إجمالية قدرها 93% حصلت قطر على درجات عالية في هذا البُعد. وهو يشير إلى أن القبول الثقافي للنظام الهرمي أمر شائع، حيث يحصل كل عضو على مكانه من دون حاجة إلى تبرير. ونظرًا إلى أن التسلسل الهرمي داخل السياق التنظيمي يعكس غالبًا عدم المساواة بين مجموعات اجتماعية معينة، فإن هذا يجعل المركزية شائعة، حيث اعتاد المرؤوسون أخذ الأوامر بالاستفادة من سلطة مركزية معينة، ويسعى المديرون إلى الاعتماد على طاعة القوى العاملة لديهم مقابل ضمان الحماية من القيادة العليا. إضافةً إلى ذلك، فغالبًا ما يُعَد الرئيس التنفيذي، أو المدير العام، الوحيد القادر على اتخاذ القرارات للمؤسسات.

الفردية مقابل الجماعية (IDV)

الفردية كما يعرِّفها هوفستد، هي: «ميل الأفراد إلى الاهتمام بأنفسهم وأُسرهم فقط». وقد حصلت قطر على درجات منخفضة في هذا البُعد (25%)، وهذا يقودنا إلى أن المجتمع القطري مجتمع جماعي، ويتجلى ذلك من خلال الالتزام طويل الأمد بين الأعضاء تجاه «مجموعة العمل»، ويمكن أن ينطبق ذلك على عائلة ممتدة أو القبيلة أو فئة مجتمعية معينة تتشكل بينهم علاقات وثيقة ومتينة، علاوة على ذلك داخل الثقافة الجماعية فإن هذا يعطي إحساسًا بالولاء، وغالبًا ما يُعَد أولوية على القوانين والسياسات المجتمعية. ويتميز هذا الشكل من المجتمع أيضًا بعلاقات قوية، حيث يتحمل أي عضو المسؤولية عن أعضاء آخرين في المجموعة. ومع ذلك بالتبعية يؤدي هذا أيضًا إلى قيام المجتمعات الجماعية بإعطاء أهمية كبيرة لـ«فقدان ماء الوجه»، ويجري التعامل مع العلاقات بين الموظفين والإدارة العليا على غرار العلاقة الأسرية الأبوية.

الذكورية مقابل الأنوثة (MAS)

خلافًا للدلالات والمعنى الحرفي للمصطلحات، يعرِّف هوفستد الذكورية بأنها «الحالة التي تكون فيها القيم المهيمنة هي النجاح والمال والمقتنيات»، والأنوثة بأنها «الحالة التي تكون فيها القيم هي السائدة في المجتمع مع الاهتمام بالآخرين». برصيد إجمالي من النقاط قدره 55%، تُظهر قطر درجة عالية إلى حدٍّ ما في هذا البُعد. وهذا يعكس ميل قطر التاريخي نحو مجتمع ذكوري، كأفراد داخل ثقافة ذكورية للغاية يتم تشجيعهم بشدة على تقدير دورهم في العمل من أجل العائلة، وأن يكون عائل لها يعطي الأولوية للسلوك الحازم في الإدارة العليا ويرُكز على المنافسة والإنصاف والأداء، وغالبًا ما يجري حل النزاعات عن طريق الدفع نحو هذه الأهداف.

مؤشر تجنب عدم اليقين (UAI)

يشير إلى أي مدى يشعر الأفراد بأنهم مهددون فيما يتعلق بالأوضاع الغامضة والحالات والمعتقدات المختلفة التي يحاولون تجنبها. إن تجنب عدم اليقين المنخفض يعني أن أفراد المجتمع يميلون بشكل كبير إلى تقبل المخاطرة المرتبطة بعدم المعرفة والمجهول.

برصيد إجمالي قدره 80%، حصلت قطر على درجات عالية في هذا البُعد، ويشير هذا إلى أن هناك هيكلية واضحة وقواعد وإجراءات موثقة وعدم قدرة على التنبؤ، فمجتمعات عدم اليقين تتبع قواعد سلوك صارمة إلى جانب عدم التسامح مع الأفكار والسلوكيات غير التقليدية. وهذه الثقافات تُوجد حاجة عاطفية إلى تأسيس إجراءات مجتمعية. وإذا كانت هذه القواعد مشكوكًا فيها من حيث الفوائد العملية، فيجري الترويج لهذه القواعد لتشجيع الالتزام بالمواعيد والعمل الجاد والشعور بالاجتهاد تجاه المجتمع. ومع ذلك، فإن هذا له أيضًا تأثير في تقييم الأمان على الابتكار، وهذا يؤدي إلى جعل الأمان حافزًا عاطفيًا قويًّا في اتخاذ القرار.

التوجيه طويل المدى مقابل قصير المدى (LTO)

المجتمع القطري مثل باقي دول مجلس التعاون الخليجي الأخرى التي حصلت على درجة منخفضة قدرها 36% في البُعد التوجيهي طويل وقصير المدى، مما يعني أن الشعب القطري لديه اهتمام قوي بخلق الحقيقة المطلقة بمستوى عالٍ من التفكير المعياري، ويظهرون احترامًا كبيرًا للتقاليد وميلًا صغيرًا نسبيًّا إلى الادخار من أجل المستقبل والتركيز على الحصول على نتائج سريعة.

التسامح مقابل ضبط النفس (IVR)

يبلغ مؤشر التسامح في قطر 52% (مثل درجات دول مجلس التعاون الخليجي الأخرى)، فالمجتمعات المتسامحة تشجع على إشباع الحاجات الإنسانية، بينما ثقافات الإكراه تنظم وتتحكم في السلوك بناءً على تقاليد المجتمع. تُظهر قطر درجة متوسطة في هذا البُعد. ولا تُظهر هذه النتيجة تفضيلًا واضحًا للأشخاص الذين يحاولون التحكم في رغباتهم ودوافعهم بناءً على الطريقة التي نشأوا بها على «التسامح»، أو السيطرة القوية: «ضبط النفس». وبالتالي، لا يمكن وصف الثقافة القطرية بأنها متسامحة أو مقيدة.

3-2 مقارنة أبعاد هوفستد (بين قطر ودول أخرى)

بشكل عام، فإن الاختلافات الثقافية لها تأثير كبير في قدرة المؤسسة على العمل في بيئة متعددة الجنسيات. ويمكن أن يُوجد هذا العديد من المعضلات في الأنشطة التي تركز على العلاقات، مثل التواصل بين الزملاء والمشاركة الجماعية. ومع ذلك، فإن الاعتراف بالأبعاد الثقافية الستة لهوفستد وتطبيقها يمكّن من تقييم هذه التحديات وفقًا لوجهات نظر جديدة وخطوات جديدة لحل هذه المعضلات. علاوة على ذلك، ونظرًا إلى أن الأبعاد الثقافية لهوفستد تمنح درجة مؤشر بين 0 و100، فإن هذا يتيح مقارنة إدارة التنوع في قطر مع الدول الأخرى بشكل أكثر موضوعية.

اختيرت الدول (المبينة في الشكل «3-2» والجدول «3-2») من قِبل المؤلف على أساس المعايير التالية:

1- التمثيل في كل قارة (آسيا، وأوروبا، وأفريقيا، وأمريكا اللاتينية).

2- اقتصاد سليم ومستقر، بناءً على معدل الناتج المحلي الإجمالي لعام 2017 (حسب بيانات البنك الدولي).

3- تختلف هذه الدول في أبعادها الثقافية (اللغة، والدين، والعرق).

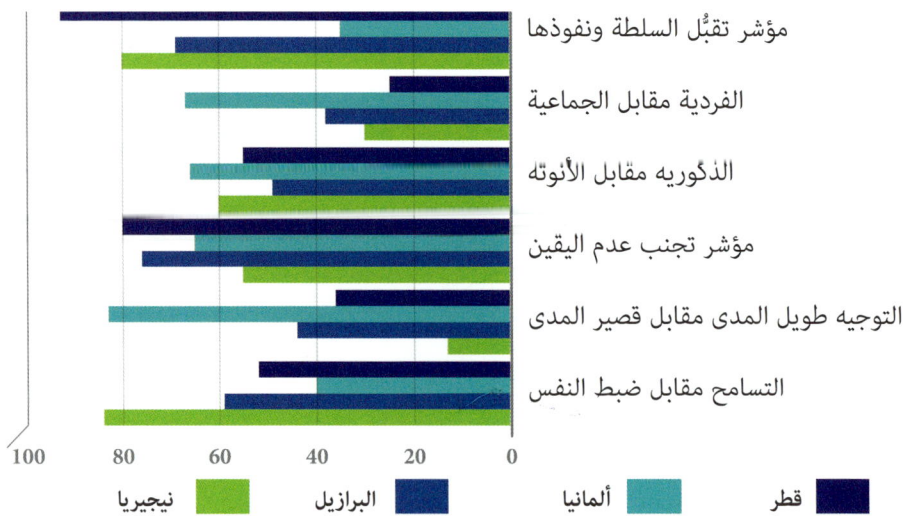

الشكل «3-2»: مقارنة أبعاد هوفستد بين قطر وألمانيا والبرازيل ونيجيريا

المصدر: Hofstede Insights (2019)

البعد الثقافي / الدولة	قطر	ألمانيا	البرازيل	نيجيريا
مؤشر تقبُّل السلطة ونفوذها (PDI)	**93** النظام الهرمي هو القاعدة الاجتماعية التي مفادها أن جميع الأعضاء لهم مكانهم في المجتمع من دون الحاجة إلى مبررات.	**35** تكوين اجتماعي لا مركزي للغاية، وحضور قوي للطبقة الوسطى، وهذا يعني أن حقوق المشاركة في القرار واسعة نسبيًا.	**69** يُعد المجتمع التسلسل الهرمي محترمًا، بحيث يتم التسامح مع عدم المساواة بين الأعضاء بسبب هذا الاستحقاق الاجتماعي.	**80** يقبل الناس الترتيب الهرمي الذي يكون لكل فرد مكان فيه، والذي لا يحتاج إلى مزيد من التبرير.
الفردية مقابل الجماعية (IDV)	**25** قطر مجتمع جماعي، حيث يمكن للأفراد أن يتوقعوا من أقاربهم أن يعتنوا بهم. يتم تحديد الصورة الذاتية للناس من خلال «نحن» وليس «أنا».	**67** الفردية العالية: العائلات الصغيرة التي تركز بشكل أساسي على علاقة الوالدين بالطفل مع دور أقل للعمات والأعمام بسبب اعتقاد اللاواعي في مثالية تحقيق الذات.	**38** نسيج اجتماعي يتمحور حول ارتباط مدى الحياة بمجموعات قوية ومتماسكة. يمكن ملاحظته في مجموعات مثل الخالات والأعمام وأبناء العم والأجداد.	**30** المجتمع الجماعي: التزام شديد الترابط وطويل الأمد من الأعضاء تجاه المجموعة ككل، ويمكن ملاحظة ذلك تجاه الهياكل الجماعية مثل العلاقات الممتدة.
الذكورية مقابل الأنوثة (MAS)	**55** الرجولة معتدلة: هذا انعكاس للميل التاريخي إلى تقدير فوائد نموذج يحتذى به للرجال بمعنى الصرامة.	**66** إنه مجتمع رجولي: نظرًا إلى اقتصادها شديد التركيز على الصناعة، يتم تكوين أعضاء المجموعة اجتماعيًا لتقييم الأداء والخبرة العالية.	**49** درجة متوسطة للغاية. القضية هنا هي ما الذي يحفز الناس، الرغبة في أن تكون الأفضل (الرجولة)، أو تحب ما تفعله (الأنوثة).	**60** إنه مجتمع رجولي، ويعزز قيم «العيش من خلال الاجتهاد في العمل». يتم ضبط المديرين بشكل أكبر على السلوكيات الحاسمة والحازمة مع فرصة عادلة في الأداء.
مؤشر تجنب عدم اليقين (UAI)	**80** الدرجات عالية نسبيًا لهذا البُعد. يشير هذا إلى تفضيل أعلى لتجنب المخاطر والغموض وتفضيل الاستقرار حيثما أمكن ذلك.	**65** يتم تضمينه في المجتمعات الأكثر كرهًا للمخاطر؛ تأتي من بين بلدان تجنب عدم اليقين. قد ينعكس هذا على قيمها القوية للعمل الجاد والسمات الشخصية الأخرى التي قد تفضلها المجتمعات الرأسمالية العالية.	**76** درجة عالية لوحظت في غالبية دول أمريكا اللاتينية، ويبدو أن المجتمع بحاجة ماسة إلى القواعد والأنظمة القانونية مشددة التفصيل ومجموعة منظمة من الأعراف الاجتماعية.	**55** الدرجة المتوسطة مزيج بين القيم التي تفضل المخاطرة والفرص، والقيم التي تمنع المخاطرة في سيناريوهات معينة لدعم تقاليد مجموعة أكبر.
التوجه طويل المدى مقابل قصير المدى (LTO)	**36** هناك اهتمام قوي بخلق الحقيقة المطلقة. يظهرون احترامًا كبيرًا للتقاليد، وميلًا صغيرًا نسبيًا إلى الادخار للمستقبل والتركيز على الحصول على النتائج السريعة.	**83** يعتقد الناس أن الحقيقة تعتمد إلى حدٍّ كبير على الموقف والسياق والوقت. تظهر القدرة على تكييف التقاليد بسهولة مع الظروف المتغيرة، وميل قوي إلى الادخار والاستثمار، والاقتصاد، والمثابرة في تحقيق النتائج.	**44** درجة وسطية في الحقيقة المطلقة، واحترام التقاليد، والميل إلى الادخار للمستقبل.	**13** لدى الناس اهتمام كبير بإثبات الحقيقة المطلقة. هم معياريون في تفكيرهم. إنهم يظهرون احترامًا كبيرًا للتقاليد، وميلًا صغيرًا نسبيًا إلى الادخار من أجل المستقبل، وتركيزًا على تحقيق نتائج سريعة.
التسامح مقابل ضبط النفس (IVR)	**52** لا يظهر تفضيل واضح لمدى محاولة الناس التحكم في رغباتهم ودوافعهم، وبالتالي لا يمكن وصف الثقافة القطرية بأنها متسامحة أو مقيدة.	**40** الميل إلى إبداء مزيد من المتعة وتقليل التركيز على وقت الفراغ والتحكم في إشباع رغباتهم. تقيد الأعراف الاجتماعية تصرفات الأشخاص التي تجعلهم يشعرون بأنهم ينغمسون في أنفسهم.	**59** مجتمع متسامح. لديهم ميل نحو التفاؤل والاستعداد لتحقيق رغباتهم فيما يتعلق بالاستمتاع بالحياة.	**84** الثقافة النيجيرية هي ثقافة التسامح. الناس متفائلون ويتمتعون بالحياة ويستمتعون. إنهم يولون درجة أعلى من الأهمية لوقت الفراغ، ويتصرفون كما يحلو لهم، وينفقون المال كما يشاءون.

الجدول «2-3»: مقارنة أبعاد هوفستد بين قطر وألمانيا والبرازيل ونيجيريا

المصدر: Hofstede Insights (2019)

3-3 خصائص الثقافة القطرية والثقافات الأخرى

تكشف مراجعة الأدبيات والدراسات الموجودة ذات الصلة بموضوع الثقافة، عن عدة محاولات لمقارنة الثقافات المختلفة، من حيث عدد من الموضوعات النفسية والاجتماعية والاقتصادية والإدارية والتنظيمية، من هذا المنطلق ينظرون في الاختلافات الموجودة بين تلك الثقافات ذات الصلة بالمفاوضات والشراكات والتحفيز وتنظيم الاجتماعات. ومع ذلك، فإن عينة دراستنا تشمل الثقافة القطرية. يجب أن نبرز الخصائص الثقافية القطرية العامة أو الوحدة الثقافية الإقليمية التي تنتمي إليها وهي الثقافة العربية الإسلامية. سنقارن هذه الثقافة مع ثقافات العالم الأخرى.

في القسم التالي، سنسلط الضوء على الاختلافات الرئيسية بين الثقافة العربية (القطرية)، وبعض الثقافات الأخرى حول العالم، مثل اليابانية والأمريكية وغيرها. وكما هو موضَّح في الجدول «3-3» نلاحظ وجود اختلافات بين الثقافات اليابانية والأمريكية والعربية فيما يتعلق بالعديد من الأبعاد. ويمكن أن تؤثر هذه الاختلافات في البيئة التنظيمية خلال الاجتماعات وفي أثناء المفاوضات بين المؤسسات المختلفة وفي أثناء التفاعلات بين الثقافات المختلفة، علاوة على ذلك تصبح هذه الاختلافات ملحوظة بشكل خاص في التفاعل بين الموظفين والمشرفين والعاملين والمديرين في المؤسسات متعددة الجنسيات والأجنبية. باختصار، الخصائص الرئيسية لهذه الثقافات هي كما يلي:

تتميز الثقافة الأمريكية باستخدام اللقاءات الرسمية المباشرة من خلال قنوات الاتصال الرسمية، ويتضح هذا في الاجتماعات الموجهة نحو التفاوض أو اجتماعات الفريق أو التفاعلات بين الموظفين عند مناقشة مشروع معين أو موضوع تنظيمي، يولي أسلوب الاتصال هذا اهتمامًا كبيرًا للعمل والوفاء بالتزاماته في المقام الأول، وإلى جانب الوفاء بالالتزامات يتم دفع الأشخاص من خلال الحوافز الفردية للتقدم وتطوير المؤسسات. إضافةً إلى ذلك، يتميز الأفراد داخل الثقافة الأمريكية بالتخطيط المستقبلي والاهتمام بالمخاطرة، والعمل على تحقيق الأهداف المحددة.

وبالنظر إلى الثقافة اليابانية، يولي أفرادها اهتمامًا بجمع المعلومات كأساس لتحقيق الأهداف المرجوة التي تشكِّل القرارات، وهذا يمتد إلى أبعد من الثقافة الأمريكية في إنشاء هيكل هرمي للسلطة، الذي يُعَد ثقافة جماعية حيث يتصرف الأفراد في وئام.

مقارنة الأبعاد	اليابانيون	الأمريكيون	العرب (القطريون)
تحقيق الهدف	لا يهتمون بالنتائج، ويجمعون أكبر قدر ممكن من المعلومات لتحقيق النتائج المرجوة	يطورون خطة عمل لتحقيق الأهداف المرجوة	يبنون الثقة، ويزرعون الموافقة لتحقيق أهدافهم
أساليب التفاوض	يستخدمون الصمت لتعزيز الانسجام ومخاطبة الأعضاء المسنين في الطرف الآخر	يتجهون مباشرة إلى الأهداف	تكون هناك مقدمات لكسر الجليد والترحيب والتعبير عن الكرم
الاجتماعات	يتحكم كبار السن وأصحاب السلطة في الاجتماع، ويستكشفون مشاعر المجموعة، ويستمعون جيدًا إلى جميع الأعضاء	يتوقع من جميع الأطراف من مختلف المستويات المهنية المشاركة دون تمييز	يسيطر كبار السن على المناقشة، ويشارك الأعضاء المعنيون ويلتزمون بالمهمة الموكلة إليهم
الصورة الذاتية	لديهم شعور بالانتماء إلى مجموعة وقيمة التواضع	يلتزمون بالمساواة والاستقلالية والتنافسية	يتباهون بفخر بحضارتهم وكرمهم
أسلوب التواصل الشفوي	يستخدمون تعبيرات غير مباشرة، ويقدمون إجابات «نعم» أو «لا»	يستخدمون تعبيرات محددة ومباشرة	يستخدمون المديح والثناء
أسلوب التواصل غير الشفوي	في بعض الأحيان يستخدمون الصمت للتعبير عن أنفسهم في موقف معين	يحاولون أن يكونوا اقتصاديين في استخدامهم لإيماءات الجسد وإظهار عواطفهم	يستخدمون إيماءات تشير إلى الترحيب والكرم والضيافة
صناعة القرار	يبنون على المعلومات المتاحة، ويلجأون إلى اجتماعاتهم ومن هم في السلطة وكبار السن لاتخاذ قراراتهم	يبنون على الحقائق والمخاطرة، ويعتمدون على التفكير المنطقي لاتخاذ قراراتهم	يعتمدون على تكهناتهم وتخميناتهم، وتؤثر الخلفيات الدينية والاجتماعية في اتخاذ قراراتهم
إدارة الوقت	يضعون خططًا مستقبلية، ويظهرون التزامًا جادًا بمواعيدهم في البداية	يهتمون بالأحداث المستقبلية، ويضعون الخطط المستقبلية، ويظهرون الالتزام بالوقت والمواعيد	يهتمون بالأحداث الماضية، ويكونون مرنين مع الوقت، ويظهرون التزامًا أقل بمواعيدهم

الجدول «3-3»: الاختلافات الثقافية بين اليابانيين والأمريكيين والعرب

المصدر: Al-Bari (2008) & Other Studies

ونظرًا إلى أن القطريين جزء من عينة الدراسة، وثقافتهم جزء من وحدة الثقافة العربية، فسوف نركز أكثر على خصائص ثقافتهم مقارنةً بالثقافات الأخرى. وتشمل خصائصها الرئيسية: تقديرهم للضيافة، والإيمان والروحانية، وأهمية العمر، ومكانة كبير السن، والقوة عند التعامل بين الأفراد والمجتمعات. إضافةً إلى ذلك فإن الثقافة العربية هي في الأساس إسلامية، بسبب الدور الأكبر الذي يلعبه الإسلام في تشكيل المعتقدات والعادات والتقاليد والمعايير داخل المجتمعات العربية. ومن ناحية التأثير: يؤثر هذا في عدة مستويات حتى داخل المؤسسات وبيئات إدارة الأعمال، بما في ذلك أنظمة وسياسات الحكومة. ومع ذلك، فإنها تختلف بدرجات متفاوتة عند مقارنة الدول الأصولية، مثل المملكة العربية السعودية ودول الخليج، مع دول إسلامية أخرى، مثل المغرب الذي يطبق التعاليم الإسلامية على مستوى مؤسسي بشكل أقل. ويعزز الإسلام القيم الإيجابية، مثل الصدق والإنصاف والشورى والمساواة والعدالة والتعايش والولاء والعمل والتخطيط المستقبلي واحترام الوقت، لكن هذه القيم الأساسية التي يدعو إليها الإسلام غالبًا ما تختلف اختلافًا كبيرًا عن السياسات والاستراتيجيات التي تنفذها المؤسسات على المستوى اليومي. إضافةً إلى هذا الاتجاه، يؤكد علماء الاجتماع أن الثقافة العربية لا تزال في مرحلة التحول من الثقافة القبلية الريفية إلى الثقافة الحضرية والصناعية المدنية. ولا تزال هذه القيم تنعكس في البيئات التنظيمية العربية الحديثة، وهي تتضمن ارتباطًا وثيقًا بالقيم المجتمعية العربية المعاصرة، بما في ذلك التعصب على تراث الأسرة والانتماء والتهرب من المسؤولية والاسترضاء وتقديم المجاملات، حيث تؤثر هذه البيئة على القيم التي يحتفظ بها المديرون في استسلامهم للقيم الثقافية العامة، بما في ذلك المحسوبية والوساطة، وهذا بدوره يُوجد «تأثير التصفية والانتقام» الذي يؤثر في مواقف وتصرفات الموظفين داخل المؤسسة. إضافةً إلى ذلك، تتأثر البيئة الإدارية بالتقاليد القبلية التي تم ترحيلها عرضيًا في أفضل الممارسات الحديثة للتحكم في مواقف الموظفين. هذه النظرة التشخيصية للتناقض بين القيم الثقافية الإسلامية الأصلية والثقافة العربية الحالية، ليست سوى محاولة لسرد حالة التناقض الحالية، ولم يُقصد قَطُّ انتقاد المجتمع العربي الإسلامي، وهو نتاج أحداث تاريخية وثقافية وسياسية لا حصر لها. في ضوء هذه التأثيرات كانت هناك محاولات عديدة لتحديد السمات الثقافية للأفراد العرب من قِبل الباحثين العرب وغير العرب. ويقع مجال الاهتمام هذا بشكل خاص في مجالات التفاوض وخلال الاجتماعات والشراكات في إدارة الأعمال. ومع ذلك تظل الخصائص المذكورة أعلاه مختلفة نسبيًا من دولة عربية إلى أخرى، وتخضع لأكثر من مجال من مجالات التحقيق. إضافةً إلى ذلك، قد لا يكون مفهوم الوحدة الثقافية بين الدول العربية دقيقًا بسبب الاختلافات الجغرافية بين الدول، بما في ذلك موقعها بالنسبة إلى الانتشار عبر القارات من أفريقيا إلى غرب آسيا. كانت هذه المساعي محاولة لفهم وتقديم نمط يسهل عملية الاتصال بين الثقافات المختلفة المشاركة في بيئة الأعمال. ووفقًا لعدد من الدراسات، تتميز ثقافة الفرد القطري بعدة خصائص، كما هو موضَّح في الشكل «3-3» أدناه.

الشكل «3-3»: خصائص ثقافة الأفراد القطريين

إظهار الترحيب اللطيف عند مقابلة الناس
تفضيل استعمال اليد اليمنى (في الأكل والمناولة)
استخدام التواصل البصري في المحادثات
تجنب مصافحة النساء إلا في البروتوكولات الرسمية
حلف اليمين وقيمة الكلمة
الثقافة القطرية
إظهار الكرم تجاه الآخرين
إظهار الرغبة الكبيرة في نيل احترام الآخرين
تجنب أي تقاطع في الساقين (وضع ساق على ساق)
الاعتماد على القرابة والأشخاص المؤثرين
التقليل من أهمية وقيمة القيود الزمنية الصارمة والجداول الزمنية على النمط الغربي

الشكل «3-3»: خصائص ثقافة الأفراد القطريين

الفصل الرابع
مزايا التنوع الثقافي وعيوبه

> «بدون التنوع، يظل الإبداع راكدًا».
>
> **- إدوارد إينينفو**

1-4 مقدمة

صدرت دراسات وبحوث عديدة حول كل ما يتعلق بالتنوع الثقافي، وقد اختلفت نتائج هذه الدراسات والبحوث، بناءً على كثير من الاعتبارات والآثار المترتبة على مزايا وعيوب التنوع الثقافي لكل بيئة ومجتمع على حدة، حيث يشير بعضها إلى تغلب المزايا على العيوب، بينما يركز بعضها الآخر على عيوب التنوع والتقليل من شأن المزايا. وهنا نود طرح المزايا والعيوب بشكل مختصر.

2-4 مزايا التنوع الثقافي

ترجع مزايا التنوع إلى الفوائد التي تحصل عليها المؤسسات أو الحكومات من هذه التركيبة المتنوعة من الموارد البشرية. ويمكن تحقيق فوائد التنوع من خلال تلبية احتياجات الأشخاص من الخلفيات المتنوعة، ودراسة ما يجعل من هذا التنوع عاملًا أساسيًّا للتطور والإبداع والابتكار. وفي موضوع التنوع يشير كثير من الباحثين والمتخصصين، مثل: تايلور كوكس (1994)، وروبنسون وديشانت (1997)، وهيرنغ (2009)، وغيرهم، إلى المزايا المختلفة لتنوع الموارد البشرية داخل المؤسسات والدولة والمجتمع، كما هو موضَّح في الشكل «4-1». وقد أدى ذلك أيضًا إلى ظهور الدوافع العديدة لإدارة التنوع على النحو التالي:

1. إدارة التنوع هي استجابة للتغيرات في هيكل السكان في البلد الواحد، مثل الهجرة المتكررة وزيادة معدل عمر الأفراد ودخول العاملين من النساء إلى سوق العمل.

2. تقدِّم إدارة التنوع ميزة اقتصادية وتنافسية للمؤسسات. فنتيجة لعولمة الاقتصاد والمنافسة الدولية بين الشركات، فإن هذه المؤسسات مطالبة بالتعامل مع بيئات وخلفيات متعددة الثقافات. ومن أجل تلبية متطلبات المستهلكين والعملاء باختلاف ثقافاتهم وخلفياتهم، يجب على المؤسسات أن تعكس هذا الاختلاف داخليًّا وخارجيًّا لتعزيز قدرتها على تلبية وفهم احتياجات السوق التي تزداد تنوعًا باستمرار، وكذلك فهم قاعدة عملائها وممارسات التوظيف، إضافةً إلى المزايا الاقتصادية التي تتحقق من خلال تحسين اتجاهات الموارد البشرية في المؤسسات، وتشمل: الرضا الوظيفي، والالتزام الوظيفي، والتحفيز الذي قد يؤدي إلى تحسين الاحتفاظ بالموظفين وتقليل نسبة دورانهم وانتقالهم، ومستوى أعلى من الرضا الوظيفي، وتقليل الغياب والإجازات غير المدفوعة. إضافةً إلى ذلك، فإن إدراك القوانين التي تمنع التمييز والتحيز من خلال الإدارة العادلة والفعَّالة للتنوع الثقافي سيعطي المؤسسات فوائد اقتصادية من خلال تقليل فرص محاكمة المؤسسات لانتهاكها هذه القوانين، وعلى النقيض من ذلك فإن الوقت والتكلفة المتكبدَين من خلال عدم الامتثال لقوانين عدم التمييز قد يمثلان خطرًا كبيرًا وعبئًا ماليًّا على المؤسسة، وربما يؤثر هذا على سُمعتها في سوق العمل.

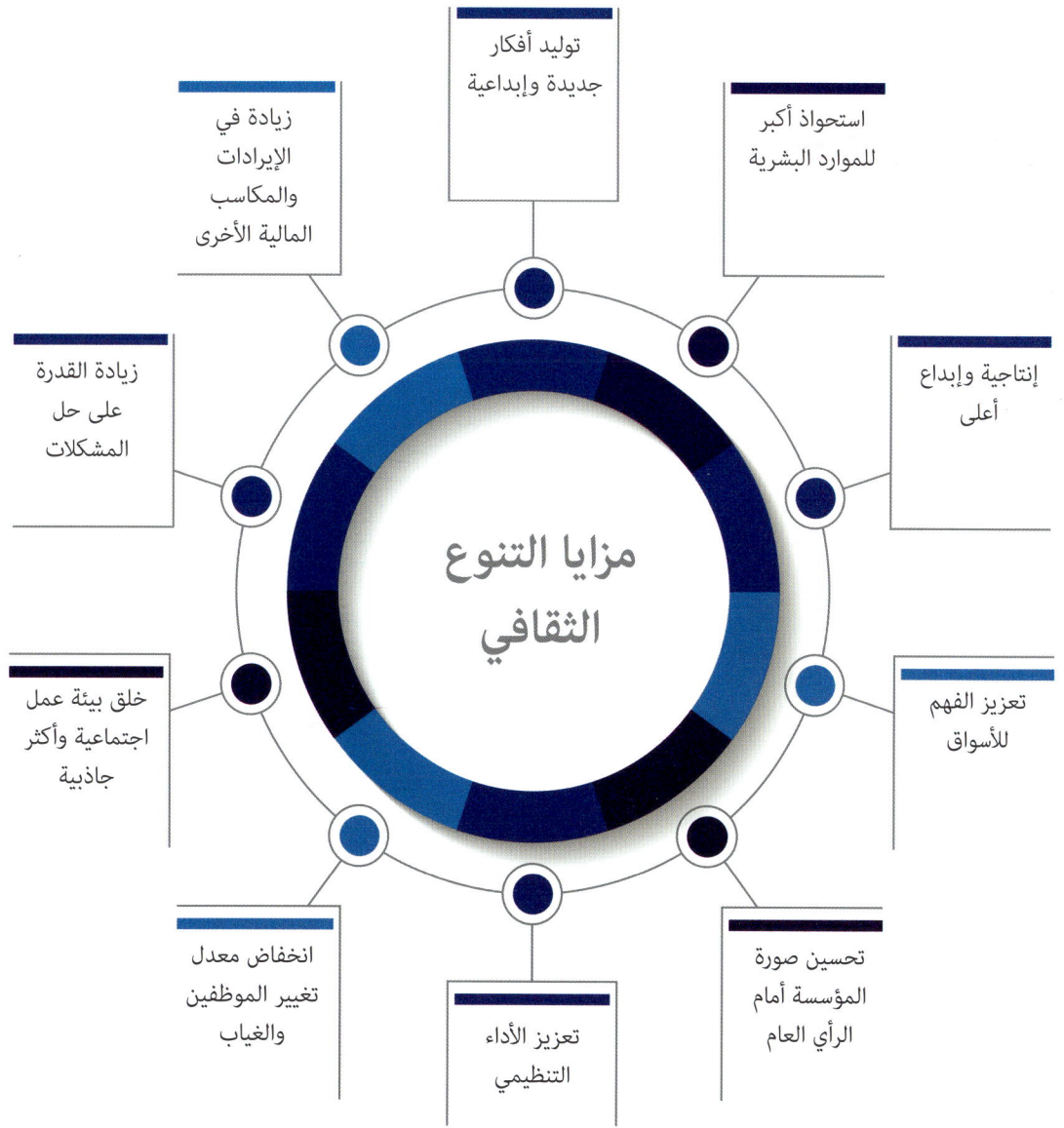

الشكل «1-4»: مزايا التنوع الثقافي

4-3 عيوب التنوع الثقافي

على النقيض من مزايا التنوع الثقافي، قد تظهر بعض المساوئ والعيوب للتنوع الثقافي، خصوصًا عند الفشل في التعامل بشكل صحيح مع هذا التنوع. وقد بيَّنت كثير من الدراسات، مثل: أمارام (2007)، وسايمون (2006)، ودينيتو وسوهال (1999)، ومارثا ر.أ. (2009)، وألين إت. آل. (2008)، وغيرها من الدراسات والبحوث، هذه التحديات والعيوب بشكل يساعد المجتمعات والمؤسسات على أخذ الحيطة والحذر من تلك المساوئ في حالة إهمال إدارة التنوع. ويوضِّح الشكل «2-4» العيوب الرئيسية والآثار السلبية على المؤسسات والحكومات في حالة التنوع غير المُدار بشكل مهني وصحيح. ومن الواضح أن التنوع الثقافي فيه كثير من التحديات التي إذا لم يجرِ التعامل معها من قِبل إدارة المؤسسة فإن فريق الإدارة سيواجه كثيرًا من المشكلات والصعوبات، لذلك على إدارة المؤسسات بجميع أنواعها الانتباه لهذه التحديات والتعامل معها لمنع تحولها إلى مشكلات أكبر تؤثر سلبًا في أداء الموارد البشرية وأداء المؤسسة ككل.

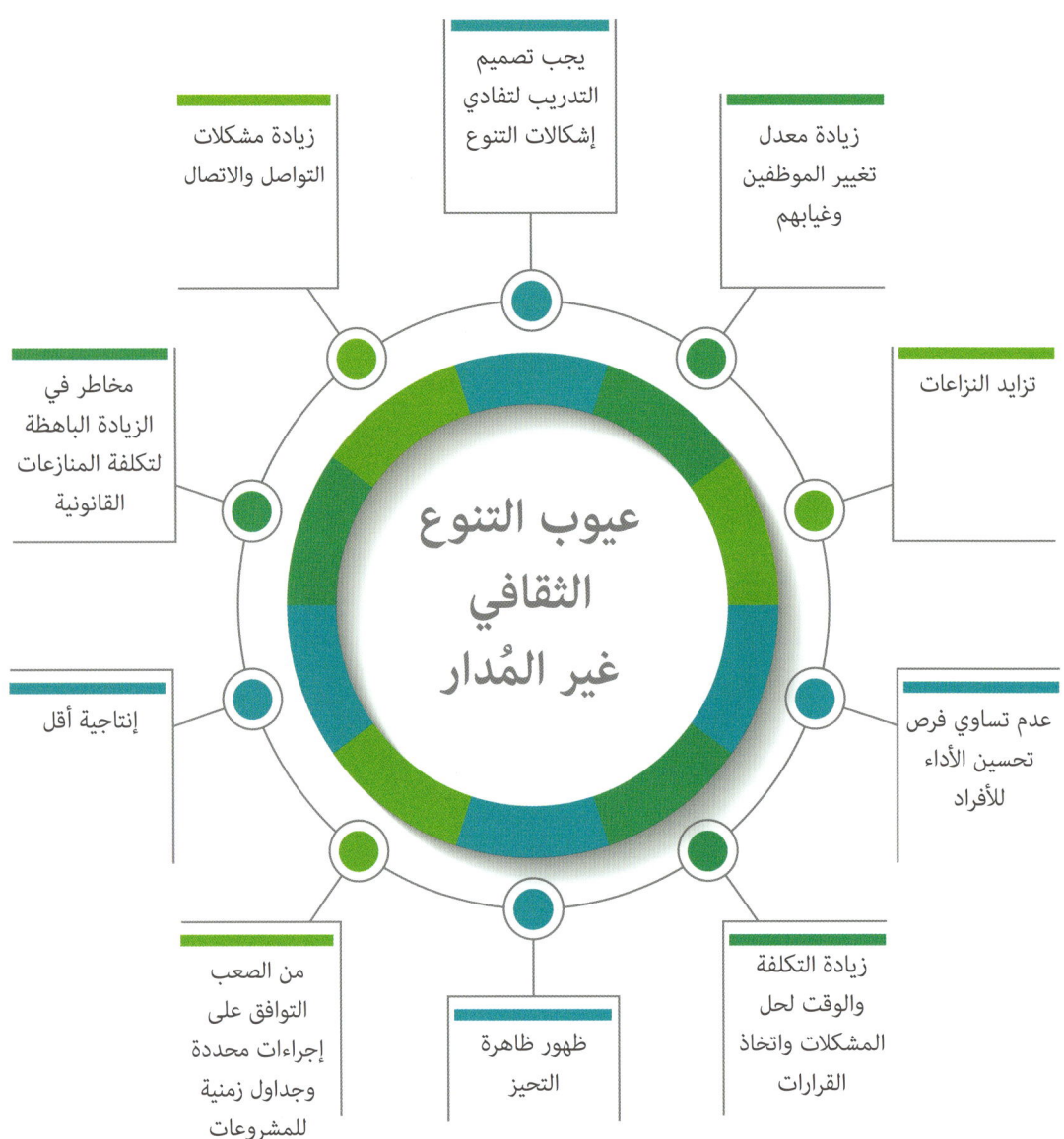

الشكل «4-2»: العيوب الرئيسيه في حاله التنوع الثقافي غير المُدار بشكل صحيح

الفصل الخامس
التنوع الثقافي في قطر: دراسة التحديات والفرص

> «التنوع يشعل الإبداع، والإبداع يغذي التغيير، وتبني التغيير هو وقود الطريق إلى الابتكار».
>
> **- نانديني**

1-5 منهجية البحث

أصل هذا الكتاب هو أطروحة لنيل درجة الدكتوراه قدِّمت من قِبل المؤلف في عام 2019 تحت عنوان: «التنوع الثقافي في المستشفيات القطرية: التحديات والفرص من وجهة نظر الموظفين». وقد قدِّمت إلى كلية إدارة الأعمال في الجامعة الأوروبية (EU) للوفاء بمتطلبات الدكتوراه في إدارة الأعمال (DBA). ومن أهداف البحث الرئيسية إيجاد الفرص والتحديات للتنوع الثقافي من داخل بيئة العمل في المستشفيات القطرية، وكذلك تقديم تقييم للعلاقة بين التعددية الثقافية وإدارتها وأداء الموظفين، إضافةً إلى الآثار المترتبة من إدارة التنوع على تعزيز جودة الخدمات المقدمة في المستشفيات القطرية. حلَّل البحث قدرة المؤسسات الصحية القطرية على إدارة جوانبها الفريدة للقوى العاملة المتنوعة ثقافيًا، حيث إن إجمالي عدد الموظفين في هذا القطاع هو الأكبر مقارنةً ببقية القطاعات في قطر. لذا يمكن لهذا العدد الهائل المستهدف في هذا البحث من الموظفين المتنوعين ثقافيًا في القطاع الصحي، تمثيل باقي القطاعات في دولة قطر، كالقطاع الرياضي، والصناعي، والتجاري، وغيرها من القطاعات الحكومية والخاصة.

يُلقي هذا البحث الضوء على العديد من الجوانب المهمة لإدارة التنوع الثقافي داخل المؤسسات الصحية، وقد ينطبق على أنواع أخرى من المؤسسات، مثل: النفط، والغاز، والرياضة، والتعليم، وما إلى ذلك، ويُلخص بشكل فاعل انعكاسات المسح التي تمد الدراسة بالنتائج التي تحقق أهداف البحث الأولية. علاوة على ذلك، يهدف هذا البحث إلى توجيه القارئ نحو فهم تأثير نظام إدارة التنوع الثقافي الفعَّال، وكيف يمكن أن يؤثر ذلك في أداء الموظفين. كما يُساهم البحث في فهم واقع إدارة القوى العاملة المتنوعة ثقافيًا، ويعرض التحديات والفرص التي نتجت عن التنوع الثقافي في المؤسسات الصحية القطرية.

2-5 الفئة المستهدفة وأخذ العينات

بعد اعتماد صيغة ونمط الأسئلة المطلوبة للمقابلات والاستبيان كأداة نوعية لتحقيق أهداف البحث، أُجريت عملية جمع البيانات مباشرة من المؤسسات الصحية القطرية عن طريق اختيار هذه العينة المتنوعة من المشاركين، مما مكّن الباحث من معرفة التأثير الملحوظ للتنوع الثقافي من خلال مجموعة متنوعة وذات وجهات نظر مختلفة. يوضّح الشكل «5-1» تفاصيل أخذ العينات والمشاركة في الدراسة.

الشكل «5-1»: إحصائية استجابة العينة لاستبيان التنوع الثقافي

بناءً على الهيكلية والأدوات المنهجية المختارة في البحث، سيقدم هذا الفصل تحليلًا نقديًا للبيانات الكمية الناتجة عن الاستبيان الموزَّع.

من أجل مناقشة هذه البيانات بطريقة أكثر فاعلية في سياق الافتراضات والنموذج السابق الذي تم استكشافه في مراجعة الأدبيات، قرر الباحث تحليل بيانات المسح عبر الأقسام الواردة في هذا الفصل من الكتاب. ولتحقيق أهداف جمع هذه البيانات وزعت استبيانات المسح عبر البريد الإلكتروني على جميع المستشفيات في قطر. بشكل عام، تم إكمال 421 من الاستبيانات من قِبل الموظفين متعددي الثقافات في هذه المستشفيات كما هو موضَّح في الشكل «5-1».

5-2-1 الجنسيات

بلغت بيانات الاستجابة ما يقرب من 45 جنسية من بين 112 جنسية تعيش في قطر. وتشمل الجنسيات الرئيسية التالية: القطرية، والهندية، والبريطانية، والفلبينية، والمصرية، والباكستانية، والسورية، وغيرها من الجنسيات الأخرى.

5-2-2 الديانات

من ناحية أخرى، تُظهر النتائج ديانات مرتبطة ارتباطًا وثيقًا بالتركيبة الدينية المشتركة الأوسع للسكان القطريين. وبحسب وكالة المخابرات المركزية (The World Factbook. 2020)، فإن مجموعات الانتماء الديني في قطر ممثلة بالنسب السكانية التالية: **الإسلام بنسبة 65%، والمسيحية بنسبة 14%، والهندوسية بنسبة 16%، والبوذية بنسبة 4%، والمجتمعات الدينية الأخرى تمثِّل نحو 1% (كما في الشكل «2-2»). ويرتبط هذا على نحو كامل تقريبًا بنسب الأشخاص من الديانات المختلفة الممثلة ضمن عينة البحث هذه، وبالتالي يعني ضمنيًّا أن التصورات والانطباعات المستقبلة من الأفراد من مختلف الديانات حول إدارة التنوع الثقافي ذات دقة عالية ومغطاة من قِبل الأفراد من الديانات المختلفة الموجودة في قطر وفي كثير من دول العالم.**

5-2-3 اللغات

بالنظر إلى توزيع المشاركين، شاركت 23 لغة مختلفة في هذه الدراسة، 68% من المشاركين يتحدثون العربية بوصفها لغتهم الأم، تليها اللغة الفلبينية والإنجليزية والهندية التي تمثل 0.8% و0.7% و1% على التوالي من العينة.

5-3 عرض النتائج وتحليلها

يستكشف هذا الجزء من الفصل الخصائص التي حددها المشاركون أنفسهم، ويناقش التصورات لمثل هذه الخصائص التي قد تُستنتج من استراتيجيات إدارة التنوع الثقافي.

عمل الباحث بعد ذلك على فحص بيانات الاستجابة للاستبيان لمناقشة التحديات والفرص التي يدركها موظفو القطاع الصحي فيما يتعلق بالتنوع الثقافي، وكيف يدرك المشاركون العلاقة بين القوى العاملة المتنوعة ثقافيًّا والأداء الفردي للموظف، والأثر الملحوظ للتنوع الثقافي على قدرة المؤسسة على تحقيق أهدافها، وكيف يرى المشاركون استراتيجيات إدارة التنوع التي تمت تجربتها بالفعل.

5-3-1 التدريب الثقافي ووظائف الكادر الثقافي

يكشف هذا الجزء ما يتعلق بالبرامج التدريبية والتوعية للموظفين في المؤسسات الصحية. بالنسبة إلى هذا الجزء، تم الإبلاغ عما مجموعه 421 مستجيبًا. بنسبة 37% من إجمالي العينة لم يتلقوا أو يحضروا أي برامج تتعلق بالتنوع الثقافي أو التنوع المرتبط داخل بيئة مكان العمل. كان هذا ملحوظًا أكثر داخل المستشفيات الحكومية التي مثلت 40% من المشاركين، وبنسب أقل 35% و25% في المستشفيات الخاصة وشبه الحكومية على التوالي.

2-3-5 تحديات وفرص التنوع الثقافي

بخصوص المدى الذي يمكن أن يُنظر فيه إلى التنوع الثقافي على أنه عائق أمام التواصل بين الموظفين، يَعُد نحو 20% من المشاركين التنوع الثقافي بمثابة حواجز في التواصل بين الموظفين. ووفقًا لكوكس (1994)، فإن التواصل بين أعضاء فريق العمل المتجانس ثقافيًا أكثر انسيابية ونشاطًا من التواصل بين أعضاء الفريق متعدد الثقافات.

تقلل الإدارة الفعَّالة للموظفين متعددي الثقافات من مشكلات التواصل في المؤسسات، على سبيل المثال: تدني أخلاقيات الموظفين، وأخذ وقت طويل في اتخاذ القرار. علاوة على ذلك، ملاحظة وجود اتجاه أكبر (84%) للتباين بين إجابات المشاركين عند سؤالهم عما إذا كان العمل الفردي أفضل من التعاون مع أعضاء الفريق المتنوع ثقافيًا. وهذا يشير كذلك إلى أن التنوع هو في الواقع سمة مفضلة بين المشاركين، في بيئة شديدة التركيز على التواصل (الشكل «5-2»).

يذهب التفكك المتوقع لدوران الموظفين (تنقلات الموظفين) من تنوع مكان العمل في معظم الإجابات (الشكل «5-2») إلى مزيد من التعارض مع معدلات الدوران المرتفعة المرتبطة بالتنوع من خلال الدراسات السابقة في الدول العربية المجاورة. قد يدعم هذا أيضًا إمكانية وجود مزايا فريدة للمؤسسات الصحية القطرية التي تفضل التنوع لنتائج «الإنتاجية» القابلة للتكرار، ولكنها قد تسمح أيضًا بإمكانية أن يكون التنوع مرتبطًا إحصائيًا بزيادة معدل تغيير الموظفين. يدرك المشاركون في هذا الاستبيان أن هذا يرجع إلى ممارسات إدارة التنوع بدلًا من الصفات السلوكية الجوهرية للموظفين من خلفيات ثقافية مختلفة.

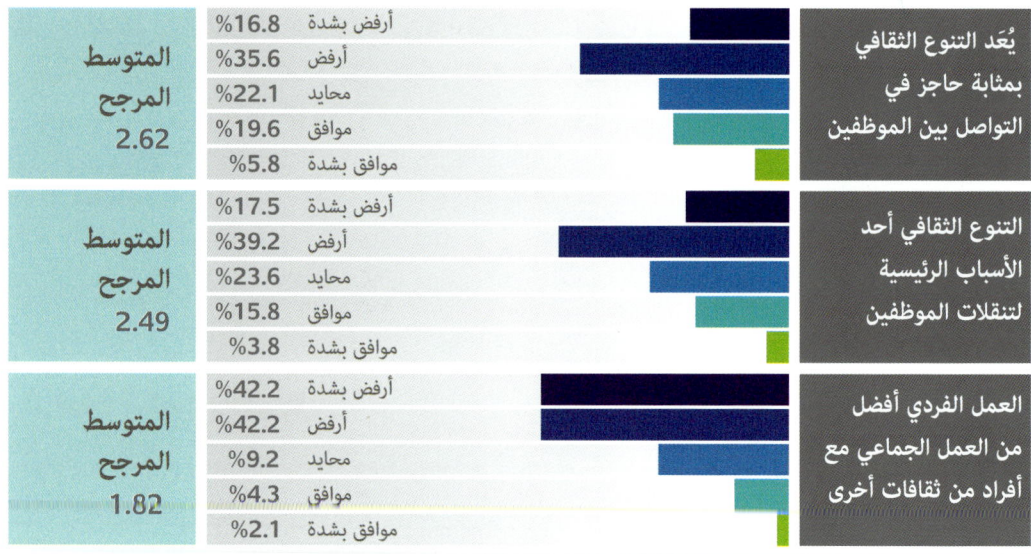

الشكل «5-2»: التحديات المتصورة للتنوع الثقافي

يمكن تفسير هذه البيانات في المقام الأول للإشارة إلى التحسينات الناجمة عن فريق العمل المتنوع ثقافيًا من الموظفين، على عكس الاتجاه نحو اختيار جواب «محايد» عندما يُطلب منك توضيح العلاقة بين التنوع وتحسينات الأداء والإبداع. نجد الإجابات فيما يتعلق بتأثير التنوع في مخرجات الفريق والإبداع وجودة العمل الإجمالية بالمتوسطات المرجحة 3.88 و3.31 و4.01 و3.84 على التوالي (كما هو موضَّح في الشكل «5-3»). يعتقد الغالبية من الموظفين أن التنوع له تأثير إيجابي، علاوة على ذلك يبدو أن نفس المستجيبين يعبرون عن مثل هذه الآثار الإيجابية على الرغم من أن إدارة التنوع في بعض الأحيان غير فعَّالة ولا تكون على الدرجة المأمولة. **علاوة على ذلك، عندما طُلب من المشاركين توضيح ما إذا كانوا ينظرون إلى الإدارة العليا بوصفها تعد التنوع مصدرًا للربحية الإضافية (الشكل «5-3»)، على الرغم من المتوسط المرجح المماثل (عند 3.31)، فإن الإجابات باختيار «أرفض» هي الأعلى بنسبة 13.5%. يتوافق هذا مع أعلى اتجاه له نحو اختيار الإجابة «محايد» (بنسبة 43.5%)، وقد يذهب سبب ذلك إلى كون المستشفيات الثمانية من إجمالي المستشفيات غير هادفة للربح (مؤسسة حمد الطبية، 2019).**

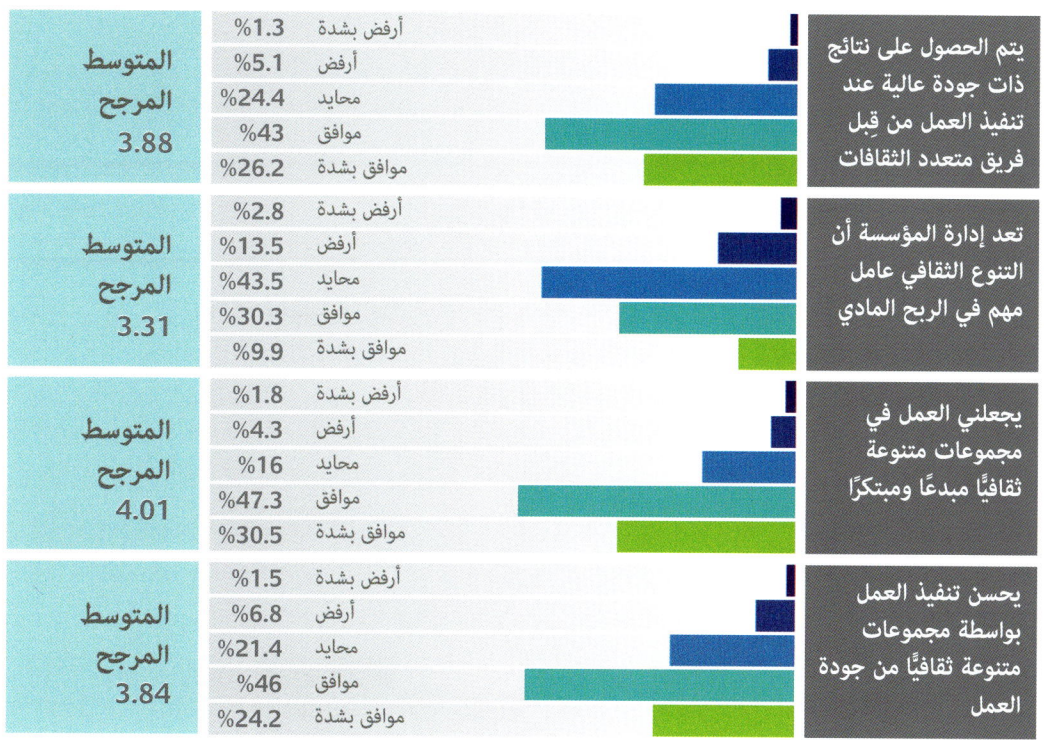

الشكل «3-5»: تأثير التنوع الثقافي في الإبداع والأداء

في هذا الجزء، تم تحليل الارتباط لتقييم العلاقة بين تصورات الموظفين حول الممارسات في أماكن العمل والتي تُعزى إلى التنوع الثقافي واقتراح الحلول المبتكرة. أظهرت نتائج التحليل ارتباطًا وثيقًا وإيجابيًا بين ممارسات التنوع الثقافي في المستشفيات والحلول المبتكرة التي يقدمها الموظفون.

5-3-3 أثر التنوع الثقافي في القوى العاملة والأداء الوظيفي

عند مراقبة الإجابات حول الطريقة التي يُنظر بها إلى التنوع في التأثير على أداء الموظف، يوفر هذا الجزء من الاستبيان فرصة لمزيد من التحقيق في الاقتراح القائل إن المشاركين قد يرون النتائج السلبية كتنوع بسبب إدارتها بدلًا من التعرض لخلفيات وسلوكيات متنوعة. أولًا، في مراقبة توزيع الإجابات على السؤال الخاص بحضور الموظفين، أجابت الغالبية العظمى من المشاركين بـ«محايد» بنسبة 18.7%، لقد رأوا أن حضور الموظفين لا علاقة له بالتجانس الثقافي للموظفين. على عكس الحالات التي تم استكشافها بواسطة العاني (2014)، يمكن تفسير هذا الاتجاه بأنه: بينما لاحظ المشاركون اختلافات في الحضور في مجموعات متنوعة تعاني حواجز الاتصال والبروتوكول الثقافي، لوحظ انخفاض في الحضور يُنظر إليه على أنه نتيجة لإدارة التنوع غير الفعَّالة بدلًا من الصفات الثقافية المتنوعة (الشكل «4-5»).

علاوة على ذلك، يمكن دعم هذا التمييز المحتمل بين التأثير الملحوظ لسلوكيات الموظفين المتنوعة والفعالية المتصورة للإدارة العليا في إدارة التنوع من خلال توزيع الإجابات على الالتزامات الوظيفية. بمتوسط مرجح يبلغ 3.35، أجاب جزء كبير من المستجيبين بـ«موافق» (عند 42.9%) عندما طُلب منهم ربط التنوع الثقافي بالالتزام الوظيفي. يمكن تفسير الميل الأعلى نحو الإجابات «موافق»، و«محايد» (عند 35.8%)، على أن المشاركين يترددون في ربط عامل التنوع مباشرة إلى الحد الذي قد يلتزم فيه الموظف بدوره الوظيفي.

يتعارض هذا مع الدراسات السابقة التي أظهرت وجود علاقة قوية بين الالتزام السلوكي الوظيفي والخلفية الثقافية المتنوعة (مانكتيلو، وآخرون، 2018). يشير هذا إلى أن المستجيبين يدركون المزايا الجوهرية لخلفية الفرق المتنوعة لعوامل مثل أخلاقيات العمل والالتزام الوظيفي.

عند ملاحظة توزيع الإجابات على الأسئلة (الشكل «4-5») حول سهولة تشكيل فريق متعدد الثقافات بمتوسط مرجح 3.46 (أكثر من 50%)، يميل المشاركون إلى الحياد والاتفاق؛ إنها نسبة عالية نسبيًا (14.8%) تم اختيارها للخيار «أرفض»، و22% حددت «محايد»، يمكن تفسيرها على أنها مناقضة للإجابات الأخرى.

يبدو أن معظم المشاركين يعبرون عن خلفية متنوعة كتأثير إيجابي على السلوكيات المرتبطة بأخلاقيات العمل، ويساهمون بإمكانيات كاملة بحرية (64.4%)، ويوصون الآخرين بالعمل في بيئة متعددة الثقافات (81%). وقد تشير الصعوبة المتصورة في بناء فرق متعددة الثقافات إلى أن المشاركين لا يرون أن الأداء قد تأثر سلبًا بصفات الخلفية المتنوعة بدلًا من تكوين فرق مع موظفين متنوعين، مما يصعب من خلال التحديات الهيكلية على المستويات العليا للمؤسسة. في هذا الجزء من الأسئلة، يُظهر تحليل الارتباط ارتباطًا إيجابيًا كبيرًا بين ممارسات التنوع الثقافي في المستشفيات ومستوى التزام الموظفين.

الشكل «4-5»: التأثير الملحوظ للتنوع في أداء الموظفين

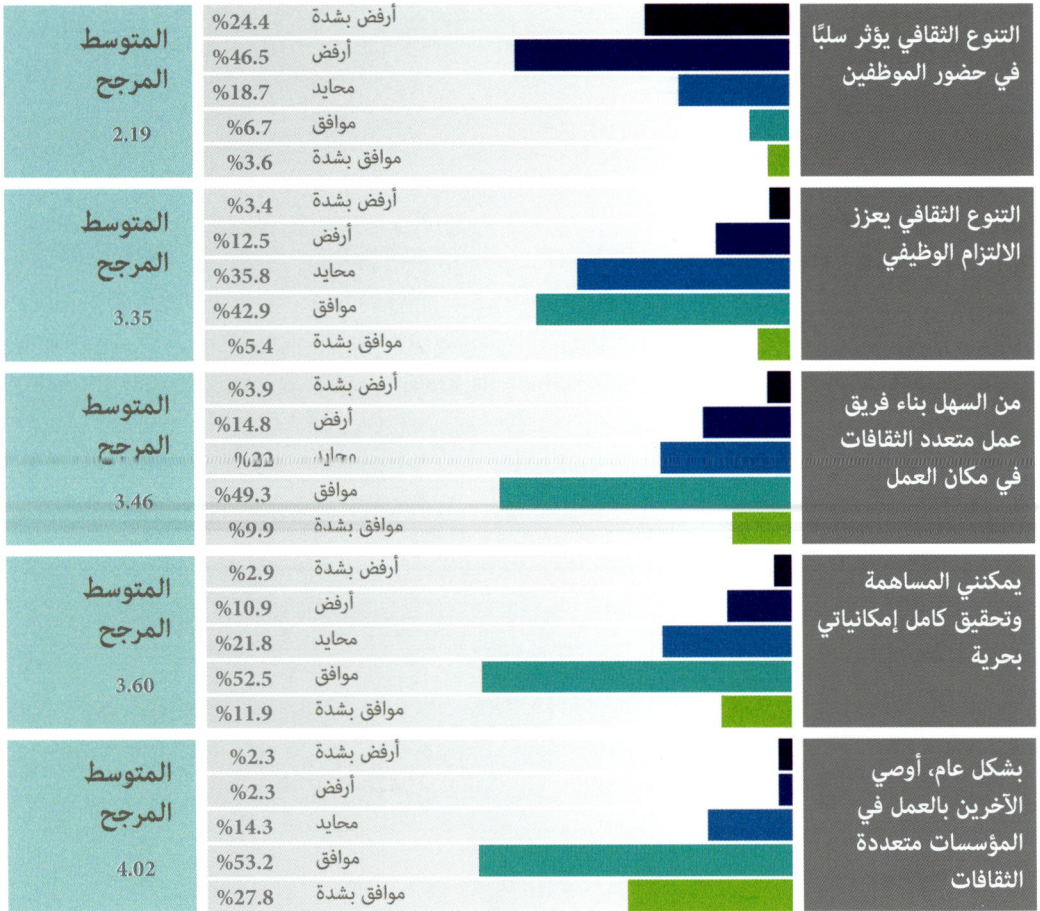

4-3-5 تأثير التنوع الثقافي في تحقيق أهداف المؤسسة

هـذا القسـم يقـارن الإجابـات عـن العلاقـة المتصـورة بيـن إدارة التنـوع الثقافـي وقـدرة المؤسسـة علـى تحقيـق أهدافهـا المرجـوة (الشـكل «5-5»).

تؤكـد إجابـات المشـاركين أن التنـوع يُنظـر إليـه علـى أنـه يؤثر بشـكل إيجابـي في مؤشـرات الأداء المهمـة. كما تنبأ سـابقًا ترومبينـارز وهامبديـن (1998)، فـإن الاختلافـات الهامشـية فـي كيفيـة ميـل الاسـتجابات أدنـاه نحـو الاختـلاف والحيـاد قد تشـير أيضًـا إلـى أن النتائـج السـلبية التـي حدثـت مـن تنـوع مـكان العمل هي فـي الواقـع بسـبب منهجيـات إدارة التنوع غيـر الفعَّالة.

كمـا لُوحـظ أن الشـكل «5-5» يبيـن مـدى إدراك الإدارة لمزايـا التنـوع والاسـتفادة مـن ذلـك للحفـاظ على جـودة خدماتها. مـن ناحيـة أخـرى، تُعَـد نسـبة 3.9% لـ«أرفـض بشـدة» أعلـى نسـبيًا مـن الأجوبـة الأخـرى لـ«أرفض بشـدة»، ومـع وجود رد قـوي نحـو الخـلاف بنسـبة 22.6% لـ«محايـد» يشُـير ذلـك إلـى تـردد المشـاركين فـي ربـط التطـور والتحسـين والخدمـات ذات الجـودة العاليـة مـع المجهـود المبـذول مـن قِبـل الإدارة فـي الحصـول علـى موظفيـن متنوعيـن ثقافيًـا، بمعنـى آخـر هنـاك انطبـاع بوجـود خلـل مـا للاسـتفادة مـن التنـوع الثقافـي للموظفيـن لتقديـم خدمـة ذات جـودة عالية. وعلـى الرغم مـن الفوائـد الإنتاجيـة المتوقعـة للتنـوع مـن قِبـل المجموعـات الفرديـة والموظفيـن، فقـد تفتقـر بعـض المؤسسـات إلـى ممارسـات التوظيـف الأمثـل والمنهجيـات اللازمـة لاسـتغلال وتوجيـه الموظفيـن المتنوعيـن ثقافيًـا إلـى مكاسـب إنتاجيـة، وهـذا مـا دل عليـه اتجـاه المشـاركين فـي الاسـتبيان إلـى الحياد بما نسـبته 35.5% مـن المشـاركين، وهي تُعَد نسـبة عالية نسـبيًا للتعبيـر عـن التـردد فـي ربـط سياسـة المؤسسـات في اسـتغلال التنـوع الثقافـي للموظفيـن بزيـادة الإنتاجية.

توضِّـح الاسـتجابات المتعلقـة بتأثيـر تنـوع الموظفين متعددي اللغات في رضا المرضى (بمتوسـط مرجـح 3.80)، أن التنوع اللغـوي للموظفيـن يُعَـد عامـلًا إيجابيًـا للوصـول إلـى تقديـم خدمـة مُرضيـة للمرضـى، كمـا تـم تأكيـد ذلك من خـلال أكثر مـن باحـث، منهـم المصـاروة والخفاجـي (2015)، حيـث أكـدوا أن زيـادة عـدد الموظفيـن متعـددي اللغات يزيـد من رضا المراجعيـن، ويقـع ذلـك علـى عاتـق الإدارة العليـا لمراجعة سياسـة التوظيف، وقد يُسـتدل على ذلك من أوجـه القصور في ممارسـات الإدارة والتوظيـف التـي يمكـن حلهـا مـن خـلال نمـوذج إدارة التنـوع الـذي يدمج هـذه التوقعات على مسـتوى الموظفيـن واعتبارهـا جـزءًا مـن معاييـر الأداء الخاصة به.

إضافـةً إلـى التفاصيـل المذكـورة أعلاه، أظهرت نتائـج تحليل الارتباط علاقة إيجابيـة كبيرة بين تصور موظفي المستشـفيات متعـددي الثقافـات وتحقيق أهداف المستشـفيات (الإنتاجية والربحية ورضا المرضـى وجودة الخدمات).

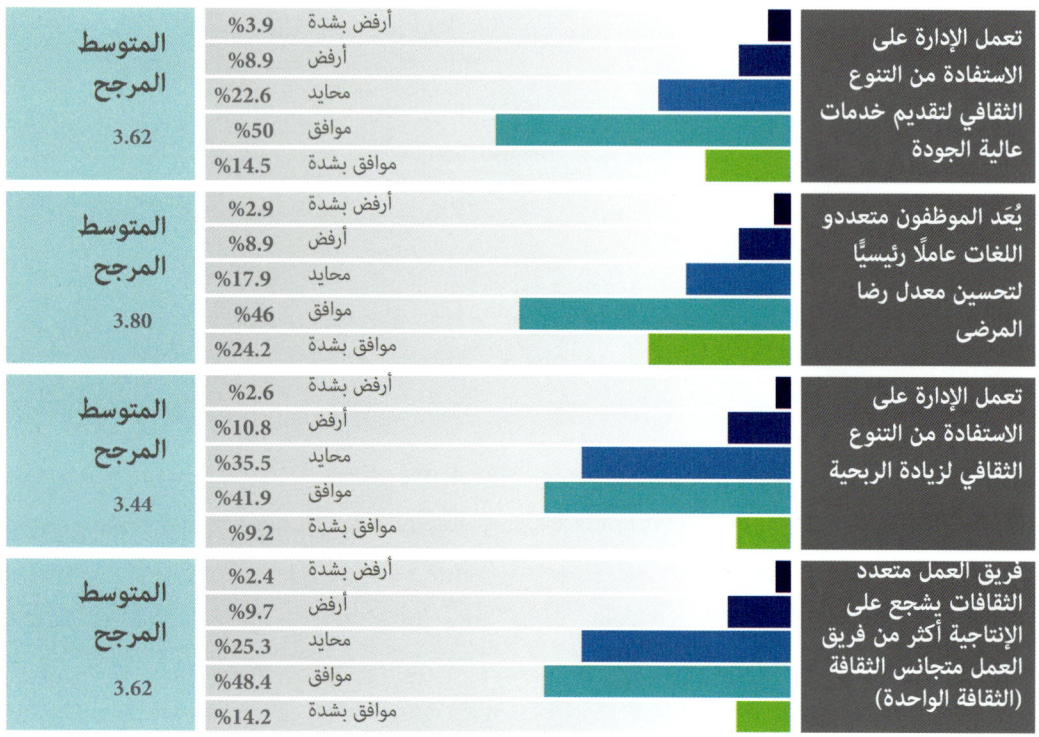

الشكل «5-5»: التأثير المتصور للتنوع الثقافي في تحقيق الأهداف المؤسسية

5-3-5 تطبيقات إدارة التنوع الثقافي

يحدد هذا القسم كيف يتم فهم عمليات وأساليب إدارة التنوع الثقافي للعاملين في المؤسسات، وهذا يشمل الكيفية المتوقعة للمستشفيات في إدارة الموظفين متعددي الثقافات، والفعالية المتصورة للاستراتيجيات الحالية التي تنفذها إدارة المستشفيات في هذه الدراسة. وعلى الرغم من أن غالبية المشاركين يعدون التنوع له تأثير إيجابي على التعاون والإنتاجية، فإن المشاركين في الأقسام السابقة يشيرون إلى أن النتائج السلبية لسيناريوهات الإدارة للتنوع الثقافي نتجت عن الحواجز الإدارية، والهيكلية، والخلل في معرفة كيفية إدارة الموظفين من ثقافات متعددة. وقد مكّن هذا الجزء من الاستبيان الباحث من تأكيد أو نفي الاحتمال من خلال السماح للمشاركين بتوضيح تصوراتهم حول كيفية تنفيذ المحاولات الحالية لإدارة التنوع.

كيف تُدير إدارة المؤسسة الموظفين متعددي الثقافات؟

على عكس الإجابات السابقة التي أشارت إلى التردد أو الميل المتزايد نحو الاختلاف، تميل هنا الأغلبية من المشاركين نحو الموافقة على أغلب الأسئلة. يكشف الشكل التالي (الشكل «5-6») بوضوح، من خلال الإجابات الواردة أدناه، عن اتجاه نحو الحياد والاختلاف، ووصف المشاركين بدقة جهود المؤسسات لتوظيف عاملين من ثقافات وجنسيات مختلفة (مع تصنيف «أرفض» بنسبة 3.8%)، كما أوضح كولنز (2012) أن توظيف موظفين في بعض المؤسسات من ثقافات وجنسيات مختلفة مطلوب في المقام الأول للإيفاء بالمتطلبات القانونية لتلبية معدلات التنوع.

حصلت الأسئلة المتعلقة بقدرة الإدارة العليا على فهم المبادئ الثقافية، ووجود خطط استراتيجية لحل النزاعات الثقافية بين الموظفين، على تصنيفات «أرفض» أعلى بكثير نسبيًّا مقارنةً مع الأسئلة الأخرى، حيث بلغ الرد بـ«أرفض» 13.7% و15.6% على التوالي. علاوة على ذلك، في أثناء النظر في كيف يبدو أن المشاركين مدركون للعلاقة بين إدارة التنوع والاحتفاظ بالموهبة داخل المؤسسة، فإن هذا الاتجاه نحو الاختلاف (بمتوسط مرجح 3.28) يزيد إلى 18.5% للإجابة «أرفض». بشكل عام، يمكن تفسير هذا الاتجاه نحو عدم الموافقة على كلٍّ من هذه الأسئلة بأنه يشير، كما ذكر وهيبة (2012) في بحثه المسمى «أثر الثقافة التنظيمية على رضا العاملين»، إلى أن كثيرًا من المؤسسات تفتقر إلى إدارة التنوع الثقافي للموظفين، ونتائج الاستبيان في الشكل «5-6» تشير بقوة إلى أن الإجابات في هذه العينة تؤكد عدم فعالية إدارة التنوع، بغض النظر عن الآثار الإيجابية المتصورة فيما يخص التعاون والإنتاجية.

تشير الإجابات السابقة لهذا الاستبيان بقوة إلى أن التنوع الثقافي يُنظر إليه على أن له تأثيرًا إيجابيًّا في الإبداع والتعاون والإنتاجية والجودة، لكن الإجابات في الشكل «5-6» تشير إلى أن المؤسسات تفتقر إلى منهجية فعَّالة لإدارة التنوع الثقافي، وهذا يعني أن الجهود الشخصية للموظفين المتنوعين ثقافيًّا تعطي مزايا مهمة للمؤسسة، وتلعب دورًا كبيرًا في تحسين الأداء ورفع الإنتاجية وتقديم خدمة ذات جودة عالية.

عند فحص توزيع الإجابات، مع الأخذ في الحسبان الطريقة التي يدرك بها المشاركون قدرة المؤسسة على فهم المبادئ الثقافية، يمكن تفسير ذلك لإعادة فرض اتجاه مماثل نحو الخلاف (بمتوسط مرجح قدره 3.40). تشير النسبة المئوية الأعلى لاختيار الإجابة «محايد» (28.2%) إلى تردد أعلى في تحديد مدى فهم الاختلافات الثقافية من خلال ممارسات التوظيف الحالية من قِبل إدارة المؤسسات. علاوة على ذلك، فإن هذا من شأنه أن يعيد فرض نقاط الضعف الملحوظة التي اقترحها دافت (2014) في تطبيق استراتيجيات إدارة التنوع على الموظفين ذوي الثقافات المتنوعة، وأن الإدارة العليا قد تتشارك معهم في هذه التصورات الإيجابية المماثلة حول الفوائد المحتملة للتنوع.

ومع ذلك، فإن الميل نحو الاختلاف في الإجابات (الشكل «5-6») يشير إلى أن المشاركين يرون أن الإدارة العليا غير فعَّالة في إدارة التنوع، بغض النظر عن الفوائد المتصورة سواء على مستوى الإدارة أو الموظفين. ويمكن أن يشير الاتجاه الأعلى نحو الاتفاق بنسبة 57.3% لاختيار الإجابة «موافق» عن السؤال حول توظيف جنسيات مختلفة إلى أن استراتيجيات ممارسات التوظيف في المؤسسات الصحية القطرية تستقطب مجموعة من الموظفين متنوعي الخلفيات لتقديم خدمات فاعلة للمجتمع المتنوع ثقافيًّا.

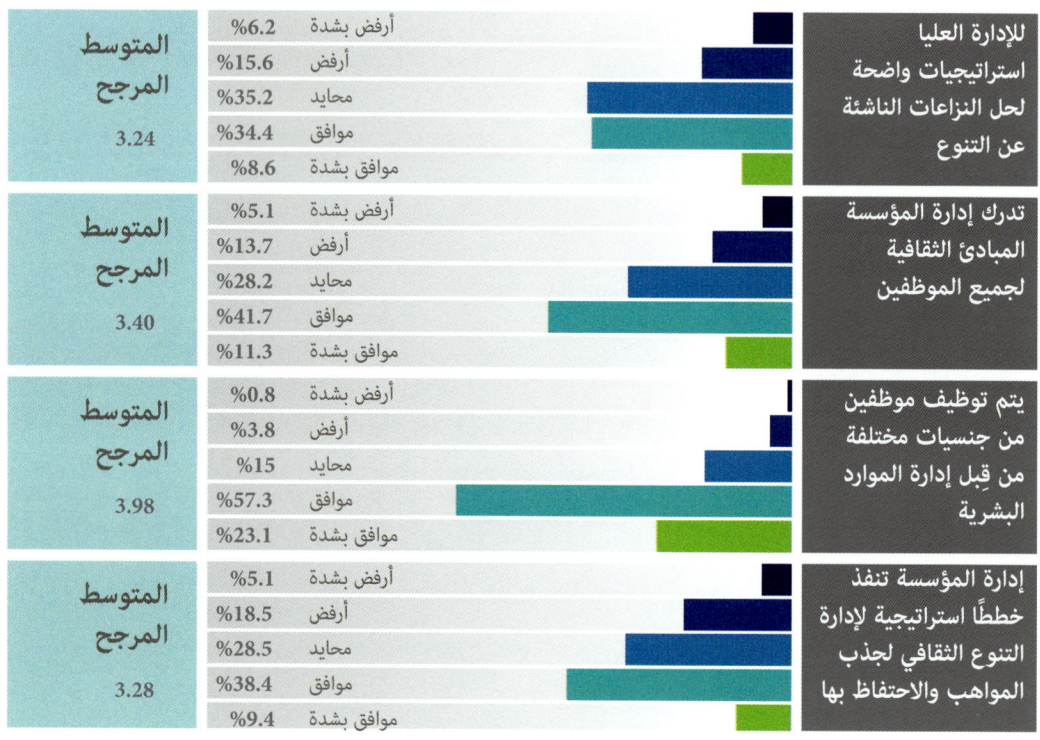

الشكل «5-6»: الفعالية المتصورة لإدارة التنوع الثقافي المؤسسي

5-3-6 فعالية استراتيجيات إدارة التنوع الثقافي

بالإضافة إلى تقديم الجزء السابق (5-3-5) الفعالية المتصورة للطريقة التي يُدار بها الموظفون المتنوعون بشكل عام، سعى الباحث في هذا الجزء لاكتشاف ما إذا كان المشاركون يرون أن التطبيقات الحالية لاستراتيجية إدارة التنوع فعَّالة على الرغم من الوعي المحدود للتنوع الثقافي، وكيف يمكن للصفات المتنوعة أن تعزز عوامل مثل التعاون وكفاءة الأداء، أو ما إذا كان المشاركون يرون أن الاستراتيجيات الحالية غير فعَّالة بغض النظر عن الميل إلى توظيف مجموعة متنوعة من الخلفيات الثقافية.

أولًا، كما هو موضَّح في الشكل «5-7»، فإن الميل نحو الاختلاف مع اختيار «أرفض» بنسبة 19.6% بالنسبة إلى السؤال حول ما إذا كانت ترقيات الموظفين قد مُنحت بسبب الأداء لا بسبب الخلفية الثقافية، يُعيد فرض التأثير الهرمي ومؤشر السلطة والنفوذ وطبيعة المجتمع الذي اقترحه هوفستد (2019) الذي يُقيِّم للعديد من المؤسسات في الدول العربية، حيث طبيعة المجتمع الجمعية التي تتجه نحو تبادل المنافع للفئات المتقاربة والمشتركة عرقيًّا. يُشير هذا إلى أنه حتى في الحالات التي قد تدرك فيها المؤسسة العلاقة بين تنوع موظفيها وزيادة الإنتاجية، فإن عوامل مثل الامتثال للمعايير السلوكية والمكانة الاجتماعية المتصورة فيما يتعلق بهذا التسلسل الهرمي وطبيعة المجتمع قد تشوه كيفية تقييم أداء جميع الموظفين بمختلف خلفياتهم الثقافية. حيث يؤدي تأثير طبيعة الأعراف الاجتماعية إلى صعوبة إدارة الموظفين المتنوعين ثقافيًّا وهذا هو أحد مساوئ التنوع الثقافي.

في المقابل، تميل الإجابات عن سؤال ما إذا كانت المؤسسة توفر فرصًا للتدريب بغض النظر عن الخلفية الثقافية نحو الاتفاق مع خيار «موافق بشدة» بنسبة 19.6%. وهذا يشير إلى أنه حتى عندما لا تكون على دراية بمزايا مكان العمل المتنوع ثقافيًّا، فإن المؤسسات تأخذ في الحسبان مجموعات الموظفين المتنوعة من الخلفيات الثقافية عند تصميم مواد التدريب وممارسات التوظيف.

مـن شـأن ذلـك أن يدعـم النتيجـة التي قدمهـا غرياني وتوريـرات (2016) في بحثهما المسـمى «تقاطع دور شـركات التنوع الثقافـي متعـددة الجنسـيات فـي ديناميكيـة مجموعة العمـل»، بأن أغلـب أنظمة التدريب للمؤسسـات في الـدول العربية قـد لا تكـون فعَّالـة فـي الاسـتفادة مـن المسـاهمات الفريدة للخلفيـات الثقافيـة المتنوعة. فلا يـزال هناك ضعـف من قِبل الحكومـات والمؤسسـات الدوليـة فـي إلـزام المنظمـات والمؤسسـات بمراعاة الأقليـات والمجموعـات المتنوعـة ثقافيًّا عند إعداد مناهجها التدريبية.

عـلاوة علـى ذلـك، طُلـب مـن المشـاركين التعبيـر عـن تصوراتهـم بشـأن أنظمـة ترقيـة الموظفيـن وتدريبهـم، حيـث إن الميـل الكبيـر نحـو اتفـاق مـع «سـهولة التقـدم للحصـول علـى إجـازة للاحتفـال بالمناسـبات الثقافيـة» و«تشـجيع الحضور إلـى الفعاليـات متعـددة الثقافـات» («موافـق» بنسـبة 44.1%، مـع «موافـق بشـدة» بنسـبة 21.7%، و«موافـق» بنسـبة 40.9%، مـع «موافـق بشـدة» بنسـبة 15.6% علـى التوالـي) يشـير إلـى أنه بغض النظر عن فعاليـة التدريـب المتنوع، فإن المؤسسـات تعتـرف بتنـوع الموظفيـن وممارسـاتهم الثقافيـة والدينيـة الخاصـة بهم. يؤكد إديـور وألوكـو (2007) على هذه العلاقـة مـن خـلال تأكيـده أن أداء الموظفيـن مرتبـط في الواقـع بما إذا كانت سياسـات إجـازات الموظفين تعتـرف وتأخذ فـي الحسـبان مجموعـة متنوعـة مـن المناسـبات الدينيـة والثقافيـة للموظفيـن بمختلـف خلفياتهـم الثقافية.

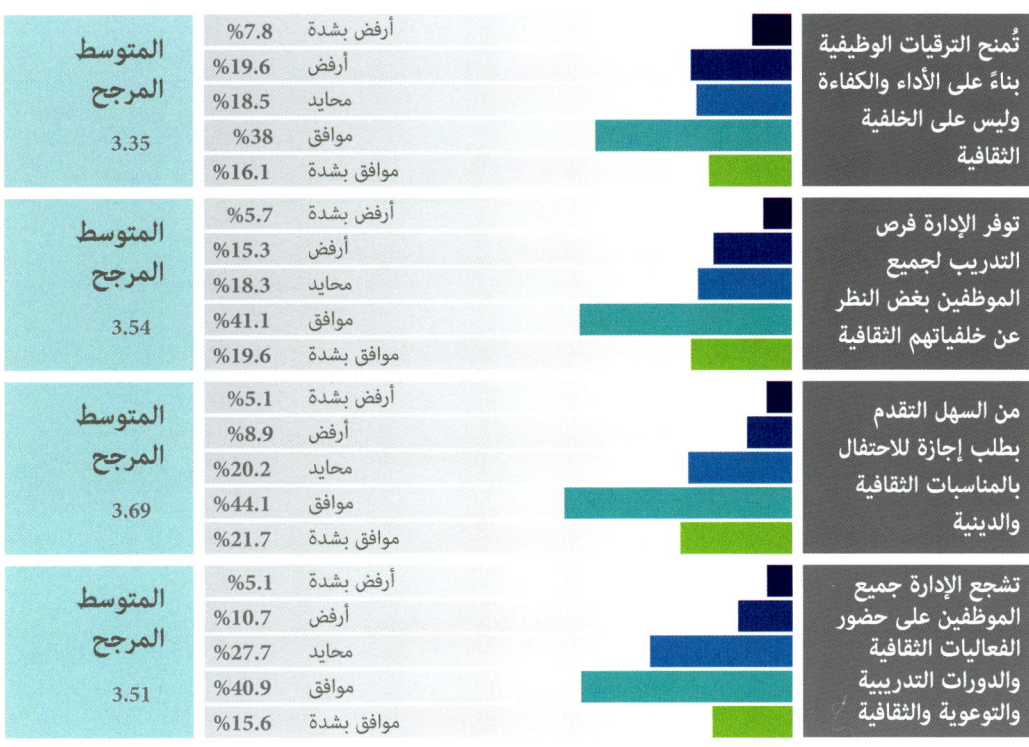

الشكل «5-7»: الانطباع حول فعالية استراتيجيات إدارة التنوع الثقافي

> «التنوع الثقافي خيوط ملونة، والاندماج الثقافي يصنع منها قماشًا جميلًا».
>
> **- أندريس تايبا**

4-5 نموذج مناسب لإدارة التجمع الثقافي التنظيمي

التقييم الشامل الوارد في هذا الفصل كان الهدف منه استخراج المزايا والفرص والتحديات المتعلقة بإدارة القوى العاملة متعددة الثقافات من خلال كل مرحلة من مراحل الاستبيان.

وفي هذا الجزء نسلط الضوء على انطباعات الموظفين في القطاع الصحي التي جرى الحصول عليها من خلال الاستبيان الموزَّع على كل المستشفيات العاملة في قطر بجميع أنواعها، الحكومية والخاصة وشبه الحكومية، والتي توفر تصورات وانطباعات إيجابية أو سلبية عن التنوع الثقافي وإدارته من خلال مؤسسات القطاع الصحي.

ومن خلال ذلك أوجد المؤلف المؤثرات والسلوكيات التي لوحظ أنها مناسبة للعرض والتقييم والتحليل وفقًا لإجابات المشاركين، ومن ثَمَّ فإن ذلك يدفع إدارة المؤسسات إلى إيجاد معايير الأداء الموضوعية لتوفير نموذج مناسب لإدارة التجمع الثقافي التنظيمي الملائم لبيئة المؤسسة.

بصرف النظر عن تقديم تحليل لقدرة إدارة التنوع التي لها تأثير إيجابي في المؤسسات والأفراد، فمن الضروري تحديد متغيرات إدارة التنوع التي أشار إليها المشاركون في الاستبيان. ومن ثَمَّ، كاستنتاج لردود فعل المشاركين، يقدم المؤلف نموذجًا بعنوان: «التجمع الثقافي التنظيمي»، الذي يمكن تبنيه في جميع المؤسسات بمختلف أنواعها، والذي يُتوقع أن يساعد المؤسسات على تلافي نقاط الضعف في إدارة التنوع الثقافي، ولعل هذا النموذج يكون امتدادًا للنموذج الذي عرضه تايلور كوكس لإدارة التنوع (1991)، (الشكل «5-9»)، حيث إن كوكس عرض برنامجًا عامًّا لكل الأنشطة الوظيفية في المؤسسات.

قد يساعد النموذج المقترح الذي نعرضه في الشكل «5-8» على إدارة التنوع الثقافي، والذي يساعد على دعم الأنشطة الوظيفية الخمسة التي اقترحها كوكس في الشكل «5-9»، ومن خلال ذلك يساعد هذا النموذج الإدارة العليا للمؤسسات على إدارة التحديات والضغوط في بيئات العمل متعددة الثقافات. هناك ثلاثة مدخلات في هذا النموذج المقترح (الشكل «5-8») يجب على الإدارة أخذها في الحسبان، وتضمينها في سياسات وخطط المؤسسة فيما يتعلق بإداره التنوع الثافي، وهده المدخلاٹ هي:

1. **تجميع الموظفين:** يكون بشكل ربع سنوي، حيث يمكن تنظيم تجمعات للموظفين من قبل الإدارة العليا. قد يُطلب من الموظفين خلال التجمع ممارسة الرياضة أو ممارسة الألعاب معًا. وتعمل هذه الألعاب على إنشاء تفاعلات اجتماعية وتحسين العلاقات بين الموظفين مع تعزيز الجانبين العقلي والعاطفي.
2. **التدريب الثقافي:** يجب أن تكون الدورات التدريبية التي تقدمها المؤسسات متنوعة ومؤثرة، ويجب أن تكون ورش العمل مبنية على التنوع الموجود أصلًا في المؤسسة، بحيث لا تتعارض مع ثقافة المؤسسة والمجتمع، ويجب التأكد من أن التدريب فعَّال وأتى ثماره المرجوة. وفي حالة ملاحظة وجود مواقف وسلوكيات لا تتماشى مع بيئة المؤسسة والمجتمع، يجب البدء في الحال تدريب الموظفين بشكل مناسب بهدف تصحيح المسار وعلاج المواقف السلبية.
3. **المهرجانات الثقافية:** من الأفضل تعيين ممثل لكل ثقافة أو جنسية، وأن تُعقد اجتماعات بشكل دوري لتقييم ممارسات التنوع المختلفة، ويتم إطلاع الموظفين الذين لديهم خلفيات متنوعة على الإجازات الخاصة أو الأيام

التـي تُعَـد ضروريـة لهـم. ويجـب عليهم نشـر المعرفـة الثقافيـة والتاريخية بيـن بقية القـوى العاملة وتعزيـز الجوانب الشـخصية. يمكـن الاحتفـال بالتنـوع بطـرق مختلفة، مثل يوم الطعام السـنوي، ويمكـن تنظيمه من قِبَـل الإدارة، حيث يُحضـر الموظـف الأطبـاق التـي تمثـل ثقافتـه وتراثـه، حيـث يُعَـد الطعـام أفضـل بدايـة، إذ إنـه يوفـر مناسـبة مواتيـة للاتصـال والمشـاركة وإذابـة الجليد.

عندما تُنفَّذ الأنشطة المذكورة أعلاه من قِبل الإدارة، ستتحقق الفوائد المذكورة أدناه:

1. **حلـول النزاعـات والإشـكاليات بيـن الموظفيـن:** عندمـا تُديـر مؤسسـة ما الوعـي الثقافي بشـكل فعَّال، فـإن ذلك يؤدي إلـى تخفيـف المخاطـر القانونيـة، وتعزيـز العلاقـات الإيجابيـة بيـن الموظفيـن، وهـذا يـؤدي بـدوره إلـى تطـور أداء الموظفيـن والاحتفـاظ بالمواهـب فـي المؤسسـة، وكذلـك تزيـد الإنتاجيـة.
2. **تحسـين التواصـل الداخلـي والخارجـي بيـن الموظفيـن:** يتـم كسـر الجليـد مـن خـلال التواصـل الفعَّـال، وتقريـب الموظفيـن بعضهـم مـن بعـض. فـإذا مُنـح العمـال فرصـة لبـدء محادثـة، فـإن ذلـك سـيعزز الاتصـال الداخلـي، وكذلك التواصـل الخارجـي مـع أصحـاب المصلحـة والعمـلاء.
3. **زيـادة الوعـي الثقافـي:** مـن إيجابيات تحسـين الوعـي الثقافي التقليل مـن التحيز والمحابـاة والتمييـز العرقي وتجنب كل التحديـات المتعلقـة بـإدارة التنـوع الثقافـي. ويأتـي تحسـين الوعـي الثقافـي مـن خـلال البرامـج المقترحـة فـي مدخـلات النموذج.

سـتكون المؤسسـة قادرة على جني مكاسـب متعددة، منها الاجتماعية والاقتصادية، كما ذكرت شـركة ماكنزي للاستشـارات (2015) بأنـه إذا كانـت هنـاك إدارة فاعلة للقـوى العاملـة ذات التنـوع الثقافـي، فمـن المتوقـع أن تصبح هوامـش الربـح أعلـى مـن المتوسـط، مقارنـةً بالمؤسسـات التـي لديها قـوة عاملة متجانسـة أو التـي لا تملـك إدارة فاعلة للتنـوع الثقافي.

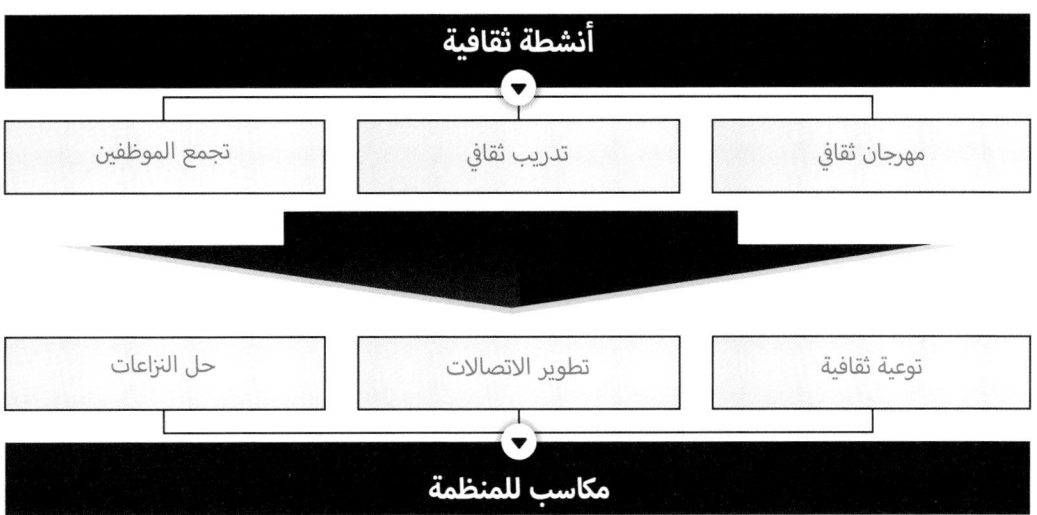

الشكل «8-5-5»: نموذج التجمع الثقافي التنظيمي

برامج إدارة التنوع الثقافي: الأنشطة الرئيسية

القيادة:
- الالتزام والتشجيع من قِبل الإدارة.
- مجموعات إدارية واستشارية.
- استراتيجية التواصل.

البحث والتقييم:
- التقييم التنظيمي المفصل.
- قاعدة بيانات.
- المعايير.

التدريب:
- التدريب الذي يصنع الوعي.
- التطوير حسب التخصص.
- برامج التوجيه والتعلم.

تغيير في الأنماط الثقافية والإدارية:
- التوظيف والترقية والتعويضات.
- التوجيه والتدريب والتطوير.
- تقييم الأداء.

المتابعة:
- عمليات التقييم.
- توزيع المسؤوليات.
- التحسين المستمر.

الشكل «5-9»: نموذج كوكس للتنوع الثقافي

المراجع

- ابن منظور، لسان العرب، طبعة 1997، ج19، ج9.

- مالك بن نبي، مشكلات الحضارة: تأملات، دار الفكر، 2018.

- المصاروة والخفاجي، إدارة التنوع من منظور الالتزام التنظيمي، دار الأيام، 2015.

- مؤسسة حمد الطبية: 20-05-2019

https://www.hamad.qa/EN/ About-Us/Our-Organization/Pages/default.aspx

- Al-Abadi, F. (2013), Identifying the impact of managing human resources diversity in the nursing sector in Amman city (Jordan), AlAzhari University Library.
- Al-Ani, W. (2014) Cultural Diversity Management in International and Private Schools in the Sultanate of Oman Conference: International Interdisciplinary Conference on: Culture, Values and Justice, University of Vaasa, Finland 21st-23rd May, 2014.
- Alarmodhi, A. & Hassen, M. (2014) Assessing the Abu Dhabi University of experience in managing diversity. magazine of college Administration & Economics for economic & administration & financial studies ISSN: 23127813 Year: 2015 Vol.7 Issue 3 pp66-89.
- Al-Bari, A. (2008) Meeting Management: The Behavioural Dimensions, A System Approach- The Theory And Practice. Amman, Dar Wael.
- Al-Jenaibi, B. (2012) The scope and impact of workplace diversity in the United Arab Emirates.
- Allen, R., Dawson, G., Wheatley, K. & White, C., (2008). Perceived diversity and organizational performance. Employee Relations, 30 (1), pp20-33. https://doi.org/10.1108/01425450810835392
- Al-otabi, F., Alenezi, N. & Chowdhuer, S. (2009), Job Satisfaction of Nurses with Multicultural Backgrounds: a questionnaire survey in Kuwait. Applied Nursing Research, Volume 22, Issue 2, May 2009, pp94-100.
- Al-Rasheed. (1994). Traditional Arab Management, Evidence from Empirical comparative Research. Paper presented at the second Arab Management Conference, Bradford Uni. UK.
- Amaram, D. (2007) Cultural Diversity: Implications for Workplace Management, Journal of Diversity Man- agement, 4th Quarter 2007, Vol.2, No.4. Available at https://clutejournals.com/index.php/JDM/article/view/5017 (Accessed on 07/05/2019)
- Bakai, A. (2016) Multicultural diversity and its relationship with the organizational values in multicultural organization in Algeria, Annaba, Algeria.
- Barakaat, H. (1994) The Arabic Communities, Center For Arab Unity Studies. Lebanon.
- Cox, T. & Blake, S. (1991) Managing Cultural Diversity: Implications for Organizational Competitiveness. The Executive, 5, pp45-56.
- Cox, T.H. (1994) Cultural Diversity in Organizations: Theory Research and Practice. San Francisco: Berrett-Koehler.
- D'Netto, B. & Sohal A. (1999) Human Resource Practice and Workforce Diversity: An Empirical Assessment, International Journal of Manpower. Vol.20, No.8 pp530-547.
- Daft R. (2003), Management, 6ed. South Western, Thomson Learning. PP436-459.
- Daft R. (2014), Management, 12th. Cengage Learning. USA, PP134-137.
- De Bel-Air, F. (2014), "Demography, Migration, and Labour Market in Qatar," Explanatory Note No. 8/2014, Gulf Labour Market and Megration (GLMM) program of the Migration Policy Center (MPC) and the Gulf Research Center (GRC).
- Dreachslin, J., Gilbert, M. & Malone, B. (2013) Diversity and cultural competence in health care: a systms approach, Jossey-Bass, USA, 1st edition.
- Edewor, P. & Aluko, Y. (2007) Diversity Management, Challenges and Opportunities in Multicultural Organizations, Article in International Journal of Diversity in Organisations · Vol.6 No.7 pp189-194. https://doi.org/10.18848/1447-9532/CGP/v06i06/39285

- Gharyani, A. & Tawrirate, N. (2016) The crosses role of the cultural diversity multinational companies, in the dynamicity of group of work, OURHOUD organization, Human Science Magazine No.26 -2016, Algeria.
- Goodman, A. (2015) The Development of the Qatar Healthcare System: A Review of the literature. International Journal of Clinical Medicine, 6, 177-185 available at https://pdfs.semanticscholar.org/a73b/50401634c30d814d37e6f5a3b23030f0fa51.pdf (Accessed on 03/04/2019).
- Herring, C. (2009). Does diversity pay? Race, gender, and the business case for diversity. American Sociological Review, 74, pp208-224.
- Hodgetts R., Luthans F. & Doh P. (2005) The Role of Culture: The Meaning and Dimensions of Culture, International Management, Published by McGraw-Hill,Sixth Edition pp92-100.
- Hofstede Insights (2019), Country comparison, Available at https://www.hofstede-insights.com/country-comparison/ (Accessed on 02/05/2019).
- Hofstede, G. (2001) Culture's Consequences: Comparing Values, Behaviours, Institutions and Organizations across Nations, Sage Publications, 2nd edition.
- Katara (2017) Katara Cultural Village, about us Available at http://www.katara.net/en/About- Katara and (http://www.katara.net/en/whats-on/events) (Accessed on 01/02/2019).
- Kim, B. (2006) Managing Workforce Diversity, Journal of Human Resources in Hospitality & Tourism, 5:2, pp69-90. https://doi.org/10.1300/J171v05n02_05
- Kochan, T., Bezrukova, K., Ely, R., Jackson, S., Joshi, A., Jehn, K., & Thomas, D., (2003). The effects of diversity on business performance: Report of the Diversity Research Network. Human Recourse Management, 42, pp3-12.
- Manktelow, J., Jackson, K., Swift, C. , Edwards, S. & Bishop, L. (2018) Hofstede's Cultural Dimensions, Understanding Different Countries, Available at https://www.mindtools.com/pages/article/seven-dimensions.htm (Accessed on 17/03/2019).
- MDPS (2018) Population and Social Statistics, Population First Section 2016, Ministry of Development Planning and Statistics (Accessed on 09/04/2019) https://www.psa.gov.qa/en/statistics1/Pages/default.aspx
- O'Reilly, C.A., Caldwell, D. F. & Barnett, W.P. (1989) Work Group Demography, Social Integration, and Turnover. Administrative Science Quarterly, 34, 1, pp21-37.
- O'Neil, D. (2006). "Culture Change: Processes of Change". Culture Change. Palomar College. Archived from the original on October 27, 2016. Retrieved October 29, 2016.
- The World Factbook (2020) Central Intelligence Agency Library, Middle East Qatar, Available on https://www.cia.gov/the-world-factbook/countries/qatar/#geography (Accessed on 26/04/2019).
- Trompenaars, F. & Hampden-T., C.(1998),Riding the waves, understanding cultural diversity in business.
- UNESCO (2009) UNESCO World Report, Investing in Cultural Diversity and Intercultural Dialogue, Available at https://www.unesco.org/interculturaldialogue/en/interculturaldialogue/good-practices/investing-cultural-diversity-and-intercultural-dialogue-unesco-world-report Investing in Cultural Diversity and Intercultural Dialogue: UNESCO World Report | e-Platform on Intercultural Dialogue (Accessed on 12/03/2019)
- UNESCO (2011) Doha focuses on cultural diversity and development, Available at Doha focuses on cultural diversity and development | United Nations Educational, Scientific and Cultural Organization (unesco.org).
- Wahibah, A. (2012) Impact of Organizational culture on the work satisfaction, Master research Non- published, Abu Baker Balqayed, Telmasan, Algeria.
- Winkelman, M. (1994). Cultural Shock and Adaptation. Journal of Counseling & Development, (2)37, pp121-126. https://doi.org/10.1002/j.1556-6676.1994.tb01723.x